# SURFANDO A TERCEIRA ONDA NO GERENCIAMENTO DE PROJETOS

SURFANDO A
TERCEIRA ONDA
NO GERENCIAMENTO
DE PROJETOS

MÁRCIO HERVÉ

# SURFANDO A TERCEIRA ONDA NO GERENCIAMENTO DE PROJETOS

um estudo de "causos"
sobre gestão de pessoas e resultados

Copyright© 2017 por Brasport Livros e Multimídia Ltda.

Todos os direitos reservados. Nenhuma parte deste livro poderá ser reproduzida, sob qualquer meio, especialmente em fotocópia (xerox), sem a permissão, por escrito, da Editora.

Editor: Sergio Martins de Oliveira
Diretora: Rosa Maria Oliveira de Queiroz
Gerente de Produção Editorial: Marina dos Anjos Martins de Oliveira
Revisão: Maria Helena A.M. Oliveira
Editoração Eletrônica: Abreu's System
Capa: Michelle Hervé
Arte final: Trama Criações

Técnica e muita atenção foram empregadas na produção deste livro. Porém, erros de digitação e/ou impressão podem ocorrer. Qualquer dúvida, inclusive de conceito, solicitamos enviar mensagem para **editorial@brasport.com.br**, para que nossa equipe, juntamente com o autor, possa esclarecer. A Brasport e o(s) autor(es) não assumem qualquer responsabilidade por eventuais danos ou perdas a pessoas ou bens, originados do uso deste livro.

| | |
|---|---|
| H577s | Hervé, Márcio |
| | Surfando a terceira onda no Gerenciamento de Projetos: um estudo de "causos" sobre gestão de pessoas e resultados / Márcio Hervé – Rio de Janeiro: Brasport, 2017. |
| | ISBN: 978-85-7452-863-2 |
| | 1. Gerenciamento de projetos 2. Gestão de pessoas I. Título. |
| | CDD: 658.404 |

Ficha Catalográfica elaborada por bibliotecário – CRB7 6355

**BRASPORT Livros e Multimídia Ltda.**
Rua Pardal Mallet, 23 – Tijuca
20270-280 Rio de Janeiro-RJ
Tels. Fax: (21)2568.1415/2568.1507
e-mails:  marketing@brasport.com.br
         vendas@brasport.com.br
         editorial@brasport.com.br
**www.brasport.com.br**

**Filial SP**
Av. Paulista, 807 – conj. 915
São Paulo-SP

# Sumário

## PARTE I. EXPLICANDO O LIVRO (MANUAL DE INSTRUÇÕES)

Capítulo zero. A história do livro (ou, em português, o "making of") ............... 3

Explicando o livro, parte 1 – Pessoas e resultados, existe essa relação? .......... 6

Explicando o livro, parte 2 – Por que tantos 'causos'? .................................... 12

## PARTE II. CAUSOS, CAUSOS E MAIS CAUSOS – TODOS COM ALGUMA JUSTIFICATIVA

1. Afinal, as pessoas são importantes mesmo? ........................................... 17

2. Reflexões de um engenheiro quarenta anos após a sua formatura .......... 22

3. O causo do japonês inconveniente ....................................................... 25

4. Todo projeto é uma mudança, mas nem sempre a mudança é um bom projeto ................................................................................................. 27

5. Onde foi mesmo que você enfiou a estaca do Peter Senge? ..................... 30

6. Uma olhada nas Sagradas Escrituras (ou: lá vem ele com o Peter Senge. De novo!) .............................................................................................. 35

7. Da série "histórias engraçadinhas" – A fábula dos quatro gerentes de projetos (uma mentira bíblica) ............................................................. 41

8. No peito dos desmotivados também bate um coração (ou: como tentar fazer funcionar um sistema de reconhecimento e recompensas) ............. 45

9. Por que me ufano do meu país – uma reflexão sobre o Brasil brasileiro .... 52

10. Os neuróticos e sua capacidade de destruição ..................................... 60

11. Quer saber se o gerente de projetos deve ser especialista ou técnico? Pergunte pra Dona Lili ......................................................................... 63

## PARTE III. ARTIGOS MAIS RECENTES PUBLICADOS NO BLOG

1. A vida não está fácil para os gerentes de projetos no Brasil. Mas isso pode mudar.................................................................................. 69
2. No fundo, somos todos canalhas. E gostamos disso!............................... 72
3. Projeto sem metas é poesia. E eu escolho os meus poetas...................... 74
4. O circo do Congresso repete o circo nosso de cada dia........................... 76
5. O bom debate é a chave do sucesso. E nós, brasileiros, temos que aprender isso......................................................................................... 79

## PARTE IV. ARTIGOS PARA CONGRESSOS

1. Palavras "mágicas", palavras "trágicas".................................................. 85
2. O que é afinal um "ambiente que favorece a inovação"? A Bíblia explica.. 99

## PARTE V. PERSPECTIVAS FUTURAS

E agora, o que a gente faz? .......................................................................... 111

# Parte I.
# Explicando o livro
# (manual de instruções)

Parte 1
Explicando a Infra
(explicando as traduções)

# Capítulo zero. A história do livro (ou, em português, o "making of")

Gosto de escrever desde que me entendo por gente. Sempre fui um dos responsáveis pelo jornal do colégio (nos velhos tempos de jornal mural – para quem não sabe, um pedaço de cartolina que a gente pendurava na parede, como uma espécie de quadro de avisos), e todo mundo achava que eu iria me encaminhar para o jornalismo. Só que, em paralelo a isso, sempre tive também alguma facilidade para lidar com números e ciências exatas. Na hora de escolher o vestibular, acabei me encaminhando para a engenharia, sem muita convicção. De qualquer forma, era uma carreira sólida e, na época, muito mais segura que a de jornalista; afinal, vivíamos a era trevosa da ditadura militar, e escrever e ter ideias próprias era um comportamento de alto risco. Talvez eu tenha feito a opção correta, mesmo sem saber.

Formado em 1975, fiz concurso e entrei para a Petrobras em janeiro de 1976. Isso acarretou mudanças profundas em minha vida, uma vez que deixei Porto Alegre para morar no Rio de Janeiro, onde acabei me radicando em definitivo; hoje, sendo pai de dois cariocas, considero que tenho dupla "cidadania" (tecnicamente conhecido como "cariúcho", ou seja, um carioca que nasceu gaúcho). Minha cidadania carioca só não é completa porque meu velho e alquebrado coração de torcedor ainda é fiel ao Grêmio, meu primeiro e único amor na área futebolística. O fato de ter os pais ainda vivos (ambos com mais de 90 anos) e diversos parentes por lá me leva a periódicas viagens para manter acesas as minhas origens gauchescas. Costumo brincar com meus amigos cariocas dizendo que vou até lá tomar "um banho de civilização", mas é saudade mesmo.

Durante mais de duas décadas minha veia de escritor esteve em repouso e cheguei a pensar que não pulsaria mais, porém alguns acontecimentos mudaram novamen-

## 4 • Surfando a Terceira Onda no Gerenciamento de Projetos

te a história da minha vida. Em 1994 fui convidado pelo meu então chefe, Eng. Francesco Santoro, para ocupar o "cargo" de coordenador de projetos; coloco a palavra entre aspas porque o cargo ainda não existia formalmente na estrutura da Petrobras e, na prática, apenas deixei de trabalhar diretamente na área técnica para me dedicar a uma atividade mais gerencial, sem qualquer tipo de remuneração diferenciada por isso. Essa formalização só veio acontecer cerca de dez anos depois, mas até chegar lá temos um bocado de histórias para contar.

A nova dedicação a uma atividade não exclusivamente técnica, mas que envolvia o contato humano, a busca de entendimento com os clientes, motivação da equipe, apresentações gerenciais e *otras cositas más* trouxe-me de volta ao mundo das palavras. Ninguém precisou me dizer que comunicação é uma habilidade importante para um gerente de projetos; isso saltava aos olhos a cada dia. Além disso, mais ou menos na mesma época começamos a trabalhar com editores de texto e correio eletrônico, o que gerou uma mudança fundamental na nossa rotina de trabalho. Afinal, antes toda comunicação formal era feita através de cartas, que o engenheiro rascunhava e a secretária datilografava (eu sei que essa palavra é totalmente estranha para as novas gerações, mas não vou entrar em detalhes. Favor procurar no Google sobre "máquina de escrever"). As boas secretárias, normalmente, acabavam virando revisoras dos nossos textos. Só que, com o advento das novas maquininhas do diabo, nós passamos a ter que escrever sem ajuda, uma vez que a pressão por respostas rápidas começou a exigir do engenheiro a habilidade de se expressar sozinho (é claro que, na época, nem se sonhava com a loucura das redes sociais de hoje, que exigem respostas em milésimos de segundo). Nessa hora o fato de gostar de escrever e ter feito um curso de datilografia aos 15 anos de idade me deu um bom diferencial competitivo.

Na virada do século XXI, fui apresentado pelo meu novo gerente, Eng. Públio Bonfadini (o Santoro já tinha se aposentado), ao *Project Management Institute* (PMI). Eu nunca tinha ouvido falar na sigla e tenho certeza que muito pouca gente, na época, a conhecia. Públio me convenceu a fazer um curso e prestar o exame para obter a certificação PMP (*Project Management Professional*). Nesse curso tive como instrutores o André Barcaui e o Luiz Henrique Souza, hoje meus colegas na FGV. Prestei o exame em novembro de 2001 e me tornei um dos primeiros profissionais da Petrobras a poder ostentar um "PMP" após o nome.

Foi interessante notar que essa certificação virou uma febre nos anos seguintes. A partir daí, e de novas coincidências, fui convidado ("intimado" talvez fosse a palavra mais correta) a organizar um curso interno na Petrobras sobre gerenciamento

Explicando o livro (manual de instruções) • 5

de projetos, participei da elaboração de dois livros sobre o assunto e acabei sendo chamado para dar aulas em vários cursos de extensão universitária (MBAs) sobre o assunto – atividade que exerço até hoje. E minha veia de escritor acabou saindo de vez da sua letargia quando fui convidado por meus amigos Paul Dinsmore e Marcus Possi a participar de dois livros sobre gerenciamento de projetos (respectivamente, "Como se tornar um profissional em gerenciamento de projetos", publicado em 2003, e "Gerenciamento de Projetos, guia do profissional – aspectos humanos e interpessoais", de 2006, publicado pela Brasport). Também produzi artigos e palestras; e hoje entendo que essa bagagem cresceu o suficiente para ser transformada no MEU livro. Que está nascendo agora, nas suas mãos.

# Explicando o livro, parte 1 – Pessoas e resultados, existe essa relação?

Comecei a me interessar pelo assunto há cerca de dez anos e já comandei diversas palestras e *workshops* com esse foco. Fiquei feliz em descobrir, recentemente, que até o próprio PMI, organização reconhecida mundialmente como autoridade no assunto "gerenciamento de projetos", admitiu, em um documento oficial, que essa relação existe e é importante para os projetos.

Contando a história desde o início, é preciso entender que projetos existem desde que o mundo é mundo, e a própria criação bíblica não deixa de ser um exemplo – quando Deus, o nosso maior gerente, transformou o caos em um universo organizado em seis dias (um cronograma bem agressivo, sem dúvida).

Mas mesmo para quem não acredita na Bíblia, ou entende a sua linguagem como figurada (que é o meu caso), exemplos de projetos podem começar pelas pirâmides do Egito ou pela muralha da China, passando pelas grandes navegações e descobertas. Enfim, a humanidade evoluiu, sempre, através de projetos bem ou malsucedidos.

A criação do PMI, em 1969, ano emblemático para a história da evolução humana porque marcou a chegada do homem à Lua, atendia, de certa forma, a uma necessidade de mercado: a da definição da figura do "gerente de projetos" para responder às novas demandas dos projetos. Afinal, os projetos da NASA apresentavam desafios totalmente não convencionais para a época; eram multidisciplinares, envolviam uma concorrência forte com os soviéticos (não esquecer que vivíamos a "Guerra Fria" em seu apogeu), começava a haver uma certa preocupação com o meio ambiente e a sustentabilidade, enfim, todas essas circunstâncias novas exigiam que o gerente tivesse competências muito mais específicas do que anteriormente. A ideia que levou à criação do PMI foi justamente tentar definir quais as qualificações necessárias para esse novo gerente de projetos, refletida na frase "Building professionalism in project management", ou seja, trazendo profissionalismo para o gerenciamento de projetos, numa tradução livre.

Cabe aqui um pequeno esclarecimento: existe, até hoje, uma certa controvérsia da noção de "profissionalismo em gerenciamento de projetos" com a ideia de que gerente de projetos seja uma "profissão". Já vi essa discussão acontecer em muitos fóruns e tenho uma opinião formada sobre o assunto: gerente de projetos NÃO É uma profissão, é uma função. Só que isso não impede que existam conhecimentos específicos para o exercício dessa função. Enfim, é uma discussão longa, que não cabe no escopo deste livro, mas continuo entendendo assim. O gerente de projetos deve ter uma profissão (que pode ser engenheiro, economista, arquiteto ou até mesmo técnico de nível médio) e desenvolver o conhecimento e as habilidades de um gerente. E é justamente a esse conjunto de conhecimentos e habilidades que o PMI se refere quando fala em "building professionalism". Em outras palavras, todos nós temos, intuitivamente, a noção do que um gerente de projetos deve conhecer para exercer a sua tarefa, só que o PMI foi mais longe e criou padrões e definições para isso. E teve sucesso, conforme prova a sua evolução.

Nos últimos anos do século XX e, principalmente, na virada para o século XXI, ocorreu o que se poderia chamar de "boom" do gerenciamento de projetos, uma vez que, aos ingredientes anteriores, somaram-se a globalização e os avanços tecnológicos. Em um ambiente altamente competitivo, com avanços tecnológicos quase diários, os projetos tornaram-se muito mais relevantes do que em qualquer outra época, uma vez que a forma mais eficiente de implantar mudanças é através de projetos. E o mundo nunca mudou tanto como nos últimos trinta anos. Esse interesse refletiu-se no crescimento do número de profissionais certificados, cursos, livros, sites de internet, enfim, o conhecimento sobre gerenciamento de projetos aumentou exponencialmente.

Um ponto importante, que não pode ser esquecido, é que o objetivo maior de todo o desenvolvimento proposto, desde o início, era melhorar os resultados dos projetos; afinal, toda essa capacitação só faria sentido se tivéssemos obtido melhoras em cumprimento de prazos, orçamentos, escopo e qualidade nos projetos. Sobre o assunto, lembro especificamente de um seminário na Firjan em 2007, quando, por coincidência, a palestra de abertura foi proferida pelo nosso brilhante colega Ricardo Vargas (então membro do *Board* do PMI nos Estados Unidos) e a de encerramento foi feita por mim (apresentando um "case" referente aos projetos do CENPES, o Centro de Pesquisas da Petrobras, onde eu trabalhava). Um dos *slides* do Ricardo Vargas dizia, sobre

## 8 • Surfando a Terceira Onda no Gerenciamento de Projetos

o gerenciamento de projetos: *it's all about results*, ou seja, se não tiver resultados não adianta muita coisa. Achei a frase tão boa e tão forte que acabei por repeti-la na minha apresentação. Resultados: tudo o que queremos e precisamos são resultados.

Passados quase dez anos, o documento do PMI *Pulse of the Profession* – 2015, uma espécie de anuário da instituição, nos mostra números pouco entusiasmantes, para dizer o mínimo. O documento se baseia em pesquisas feitas com empresas do mundo todo. Para não entrar em muitos detalhes, vamos apenas citar três números globais da pesquisa:

a) Projetos concluídos no prazo: 50%.
b) Projetos que não excederam orçamento: 55%.
c) Projetos que cumpriram as suas propostas originais com sucesso: 64%.

Ou seja, depois de dezenas de anos de aperfeiçoamento de boas práticas, padrões de conhecimento, treinamento e certificação de gerentes e membros de equipe, não conseguimos mais do que 50% de cronogramas cumpridos!

O texto do PMI, obviamente, preocupa-se com isso. E identifica que os problemas vão muito além da capacitação e do treinamento. Uma das mais importantes conclusões é de que existe uma clara divisão entre organizações de "alto desempenho" e de "baixo desempenho". Dentre os pontos que eles consideram relevantes para atingir o alto desempenho, dois citam especificamente o problema cultural:

a) Uma cultura de gerenciamento de projetos que entenda completamente o valor que a profissão fornece, além de suportar competências estratégicas, cria vantagens competitivas.
b) Um retorno ao básico, embutindo a mentalidade de gerenciamento de projetos na cultura organizacional, pode criar vantagens competitivas sustentáveis.

Todo este livro será dedicado a entender o que significa essa "cultura" e como podemos identificar a sua influência sobre os resultados, bem como possíveis propostas de melhoria.

Em maio de 2017 escrevi um artigo no LinkedIn identificando essa nova preocupação como sendo "a terceira onda". Para não me alongar mais no assunto, transcrevo a seguir o artigo completo. Espero que a ideia fique clara para o leitor, se é que eu vou ter algum...

**A terceira onda do gerenciamento de projetos chegou. E quem não souber surfar, vai tomar vaca...**

Projetos existem desde sempre, e talvez a própria criação do mundo possa ser vista como um projeto – com a vantagem de que Deus, o grande gerente, tinha o poder de fazer milagres e ajeitar tudo do jeito que Ele quisesse. Conforme é do conhecimento geral, o poder dos gerentes de projetos de hoje é muito menor, mas a gente se vira do jeito que dá.

Analisando a caminhada da civilização humana, temos projetos muito antigos que chegaram em bom estado até os dias atuais, como é o caso das pirâmides do Egito e da muralha da China. Obviamente, esses projetos foram gerenciados de alguma forma, com as ferramentas disponíveis na época, e acabaram funcionando. É claro que nunca vamos saber quais eram o cronograma original e a estimativa de custos desses projetos, portanto não temos como avaliar o seu sucesso sob o ponto de vista da restrição tripla, mas o fato é que o produto foi entregue e dura até hoje.

Foi mais ou menos a partir da metade do século XX que os projetos começaram a ganhar uma complexidade maior. As principais forças responsáveis por essa mudança foram o aumento da competitividade, a necessidade de envolver múltiplas disciplinas e os avanços tecnológicos. Muitos autores consideram que o grande marco dessa transição foi a corrida espacial; afinal, colocar um homem na Lua era uma tarefa que envolvia desde matemáticos e físicos até nutricionistas e psicólogos, e tudo precisava ser feito num prazo exíguo, visando superar o "outro lado" (na época, as forças envolvidas eram Estados Unidos e União Soviética, representando cada um uma série de simbolismos, tais como capitalismo x comunismo, religiosidade x ateísmo oficial, enfim, vários conflitos que eram importantes na época, mas que hoje, em alguns casos, já se mostram superados). Em paralelo com o desenvolvimento tecnológico, ferramentas de gestão foram criadas e usadas em um cenário que, seguramente, não tinha paralelo com nenhum momento histórico anterior.

Esse aumento exponencial na complexidade dos projetos levantou o questionamento sobre a qualificação específica dos gerentes de projetos – função que sempre existiu, mas que era exercida de forma mais ou menos amadorística. É nesse contexto que surgem duas organizações com a proposta de discutir gerenciamento de projetos de forma profissional: O IPMA, na Europa, em 1964, e o PMI, nos Estados Unidos, em 1969. A visão do gerente de projetos como um profissional diferenciado, com um corpo de conhecimentos próprio (consolidado pelo próprio PMI, alguns anos depois, no *PMBOK® Guide, Project Management Body of Knowledge*), constituiu um marco histórico. E gerou o que eu chamo de "primeira onda", caracterizada pelo reconhecimento da importância da figura do gerente de projetos, busca de capacitação e certificações, e a certeza de que um gerente qualificado e certificado era a garantia para o sucesso de um projeto.

Em paralelo à capacitação do gerente, o desenvolvimento da informática trouxe um ferramental jamais imaginado; agora era possível construir cronogramas e orçamentos automaticamente, estimar caminhos críticos e subcríticos, tudo a um simples toque dos dedos.

O resultado de tudo isso é que, durante algum tempo, vivemos a ilusão de que um PMP comandando um MS-Project era tudo o que precisávamos para um projeto funcionar e produzir seus resultados a contento.

O problema é que, como diz aquele famoso vídeo humorístico, "a vida é uma caixinha de surpresas", e logo os resultados começaram a provar que essa ideia era falsa. Era preciso muito mais para que os projetos funcionassem. E isso nos levou à segunda onda.

Considero que a segunda onda se caracterizou por uma visão mais complexa da gestão de projetos, mas ainda focada em ferramentas. Nesse momento, tivemos, entre outras coisas, o desenvolvimento de modelos diferentes dos adotados pelo PMI, outras certificações, a utilização de modelos de maturidade, além de conceitos como PMO, métodos ágeis, *canvas* e outros. Essa onda começou no final dos anos 90 e está por aí até agora. É importante notar que ela de forma alguma cancelou a anterior; o *PMBOK® Guide* e a certificação PMP continuam como referências importantes, mas ficou claro que era necessário ir mais fundo na questão. Os resultados melhoraram, e essa onda ainda está em aperfeiçoamento, de modo que muitas pesquisas ainda vão ser concluídas e, seguramente, ainda há um longo caminho a percorrer no aperfeiçoamento dessas técnicas e modelos.

Só que o mundo hoje evolui na velocidade da internet. Nem bem a segunda onda atingiu o seu pico e já vemos surgir uma terceira onda, que, na minha visão, vai ser a mais revolucionária e decisiva de todas.

A base dessa terceira onda é entender que projetos são atividades humanas, e não há como melhorar resultados sem colocar o ser humano no centro da ação. Essa nova onda não tem ferramentas computacionais (pelo menos até agora), mas baseia-se em estudos, experiência e visão sobre três assuntos que me parecem os mais importantes hoje: gestão de mudanças, gestão de talentos e gestão do conhecimento. Como pano de fundo, ficam os aspectos culturais, que sempre influenciam o comportamento humano, para o bem e para o mal. Resumindo tudo em um só conceito, **Gerenciamento de Pessoas**.

Motivação, comunicação, cultura, conflitos, liderança, riscos, enfim, muitas palavras que durante muito tempo foram associadas ao gerenciamento de projetos, mas não chegavam a ser levadas a sério (talvez pela complexidade que envolvem e por não se submeterem a regras definidas), são cada vez mais reconhecidas como sendo os aspectos realmente decisivos para que projetos atinjam as suas metas. Colocar essas questões de forma simples e objetiva, demonstrando a todos os *stakeholders* envolvidos a sua importância, deve ser o grande diferencial do futuro. É fácil? Claro que não. Mas é um campo de estudos que se abre e para o qual teremos que prestar cada vez mais atenção.

Pretendo abordar o assunto com mais detalhe em um próximo artigo, uma vez que este já ficou muito grande. Mas tenho certeza de que isso será o foco do futuro do gerenciamento de projetos.

Quem viver, verá.

# Explicando o livro, parte 2 – Por que tantos 'causos'?

Costumo dizer que não gosto de dar aulas, nem palestras, nem nada disso; adoro contar "causos". E a divisão proposta neste livro é exatamente esta: vou contar causos, algumas vezes sob a forma de causo mesmo, outras com vários causos reunidos em um artigo. Crítico que sou dos modismos e de papo furado de um modo geral, odeio particularmente o pessoal que gosta de complicar o que é simples. E a melhor maneira de desmascarar um enrolador é contando um causo, principalmente quando é verdadeiro (nunca esquecendo de que todo bom contador de causos é meio mentiroso – afinal, não interessa muito se o causo é verdadeiro, o que vale é se a história é boa). Enfim, antes que eu mesmo me torne um enrolador, acho que a divisão em causos ou artigos facilita a vida de quem lê. O cara pode começar pelo princípio ou abrir um capítulo ao acaso que sempre acaba dando certo. E vou começar contando algumas histórias da minha própria vida.

Quando falo que fui intimado a dar aulas, não estou brincando. Tenho uma timidez quase doentia e toda vez que sou obrigado a falar em público o faço com muito sacrifício. Minha estreia como professor não poderia ser mais desafiadora; uma necessidade premente de dinheiro me obrigou a aceitar um convite para ministrar aulas no curso de Engenharia Mecânica da Faculdade Souza Marques, lá pelos idos de 1996. Comecei com a cadeira de instrumentação e controle, área onde eu trabalhava na época, e depois acumulei a cadeira de gerência de empreendimentos. É interessante notar que acabei demonstrando, na minha própria vida, uma teoria que tenho sobre projetos; projeto é mudança, e as pessoas só mudam quando estão sob algum tipo de pressão. No meu caso, virei professor por pura necessidade – jamais abandonaria o meu mutismo por vontade própria. E acabei descobrindo que o único modo de manter acordados uns caras que trabalhavam o dia todo e à noite vinham assistir uma aula de um tema que não era interessante para eles (mui-

## Explicando o livro (manual de instruções) • 13

to mais preocupados com a parte técnica do que com a gerencial) era inventando brincadeiras, citando exemplos práticos e contando "causos". Acabei descobrindo que, como professor, eu era um bom contador de "causos". E por aí eu fui.

A coisa avançou tanto que já cheguei a fazer até uma espécie de "stand-up comedy" numa apresentação de final de ano na Petrobras (sabe aquele teatrinho em que o pessoal paga mico cantando, dançando, tocando violão? Pois é, eu contei "causos". Tenho o DVD para provar). Minha fama ficou tão grande que, até quando criei um blog, o nome virou "Causos do Hervé" (<www.causosdoherve.blogspot.com>). Conto tanta história que, certa vez, soube que um aluno tinha me apelidado de Forrest Gump. Para quem não está ligando o nome à pessoa, Forrest Gump foi um personagem marcante, vivido com maestria por Tom Hanks no filme do mesmo nome. Forrest tinha duas características marcantes: um QI baixíssimo (quase débil mental) e o hábito de contar histórias infindáveis (no título em português o filme ganhou inclusive este adendo – "Forrest Gump, o contador de histórias"). Até hoje não sei se o cara inventou o apelido por achar o meu QI muito baixo, mas prefiro ficar com uma versão mais a meu favor, é claro, supondo que a alcunha derivou da minha mania de ilustrar tudo o que digo em aula com historinhas, "causos" e piadas. De qualquer forma, o fato é que sempre existirá um sacana em todo agrupamento humano. Como eu procuro cultivar o bom humor como filosofia de vida, não me incomodo muito de ser o objeto da brincadeira, desde que a coisa seja feita num nível razoável e sem ofensa, é claro. E, no fundo, tenho que admitir que esse cara tinha lá suas razões.

Dessa forma, cheguei à conclusão de que o livro teria que ser de "causos". Reuni diversos textos, artigos que enviei para seminários, alguns que já publiquei no blog e outros inéditos. E o tema central é uma das minhas grandes obsessões: a ideia de que não adianta aumentar o conhecimento técnico na área de gerenciamento de projetos se não houver uma atitude positiva de realmente fazer com que as coisas aconteçam. E as coisas não acontecem basicamente por dois motivos: ou por incompetência individual ou porque o ambiente não propicia que as coisas sejam bem-feitas (ou seja, a cultura local trabalha contra). Quase todos os textos aqui reunidos enfocam esses aspectos, de uma forma ou de outra.

Enfim, aí está o livro. É uma espécie de "terceiro filho", quase tão querido quanto os legítimos. Bem ou mal, é a mensagem que este engenheiro já oficialmente idoso (mais de sessenta anos) tem para passar. Alguns dos textos são mais longos e às vezes há ideias repetidas em alguns deles, mas não me preocupei em ser muito organizado nesse aspecto. O importante é que a leitura seja agradável. Não pretendo

## 14 • Surfando a Terceira Onda no Gerenciamento de Projetos

ser o dono da verdade nem oferecer uma solução definitiva para os seus projetos, afinal, depois de toda essa estrada, a única certeza verdadeira e firme que me resta é a de Sócrates: tudo o que sei é que nada sei. Mas, talvez, mesmo sem ter conseguido descobrir as respostas, acho que consegui acumular alguma experiência que merece, de alguma forma, ser compartilhada com os heróis que tiverem a coragem de enfrentar esta leitura.

# PARTE II.
# Causos, causos e mais causos – todos com alguma justificativa

# 1. Afinal, as pessoas são importantes mesmo?

Esse tipo de questionamento começou a me incomodar quando, lá pelos idos de 1990, mais ou menos, ouvi um sujeito que fazia uma apresentação sobre reengenharia (que era a onda do momento na época) dizer que "o problema, realmente, eram as pessoas". Ou seja, a empresa "reengenheirada" seria perfeita, a única coisa que podia atrapalhar eram as pessoas. Fiquei imaginando que, se esse raciocínio fosse levado ao extremo, a empresa ideal não teria mais seres humanos, mas um monte de androides, totalmente subservientes aos softwares de gerenciamento, os quais obedeceriam fielmente às variações de mercado. E quem comporia o mercado? Obviamente, outros androides. Enfim, o mundo seria perfeito – não fosse pela existência desse estorvo chamado "ser humano". Graças a Deus esqueci o nome do cretino que falou essa asneira, mas tenho uma vaga lembrança de que era um consultor, até bastante reconhecido na época (talvez a minha terrível má vontade para com os consultores tenha tido origem nesse trauma). De qualquer forma, a melhor notícia que tive nos últimos tempos foi o resgate da importância do ser humano como elo fundamental de qualquer atividade produtiva – incluída nisso a atividade de projetos propriamente dita (questão existencial: o gerenciamento de projetos pode ser considerado uma atividade produtiva? Eu acho que sim, mas admito que há controvérsias).

A notícia da "reabilitação" do ser humano é interessante. Tenho visto isso acontecer em diversos lugares nos últimos tempos. Assim como, no final dos anos 90, o foco dos simpósios e *workshops* era em cima dos novos usos de computadores (software para isto e para aquilo), hoje só se fala em "inteligência competitiva", "administração do potencial criativo" e assemelhados. Tive a oportunidade de assistir a um congresso (*PMI Research Conference* – Londres/2004) onde a palestra central foi proferida pelo Dr. Aaron Shenhar, do Stevens Institute of Technology,

## 18 • Surfando a Terceira Onda no Gerenciamento de Projetos

dos Estados Unidos, uma das mais reconhecidas autoridades mundiais no assunto. O título da palestra era "Gerenciamento de projetos: passado, presente e futuro", e, num determinado momento, ele fez uma afirmativa que me pareceu fascinante: a de que a utilidade das ferramentas computacionais nessa área teria chegado a um limite. Veja bem, estou falando de 2004. E o fato é que, de lá para cá, entendo que o crescimento da utilidade das ferramentas foi incremental, mas não revolucionário. O visionário Mr. Shenhar reforçou um conceito que eu já conhecia, mas sem muita profundidade: o do "salto tecnológico". A ideia é a seguinte: o conhecimento humano avança continuamente até que, num determinado momento, acontece uma espécie de "quebra", uma mudança abrupta que nos leva a um novo patamar. Os neologistas de plantão já cunharam até um termo para esse tipo de coisa, é a tal de "disrupção", ou "disruptura". Para citar um exemplo prático, vamos pensar na televisão via satélite. Embora a televisão existisse no Brasil desde o início dos anos 50, as transmissões internacionais só começaram a partir de 1969 – se a memória não me falha, a primeira foi a da chegada do homem à Lua, em junho daquele ano. Assim sendo, se considerarmos como marcos no tempo as Copas do Mundo de futebol (dizem que o calendário brasileiro funciona assim), temos o seguinte:

- Copas de 1954 e 1958: transmissão por rádio. O jogo era filmado, os filmes colocados em um avião e apresentados alguns dias depois (em preto e branco, é claro).
- Copas de 1962 e 1966: a mesma coisa, só que, em vez de um filme com parte dos jogos, tínhamos o "vídeo-tape" completo da partida, com narração e tudo. Só que continuava indo ao ar um ou dois dias depois. Ou seja, a emoção do jogo era pelo rádio, só depois é que tínhamos as imagens.
- Copa de 1970: ao vivo, pela TV, em preto e branco.
- Copa de 1974: ao vivo, pela TV, em cores.
- Copa de 1978 até hoje: ao vivo, pela TV, em cores.

Observe que, nas últimas quatro décadas, apesar de todos os avanços na qualidade de transmissão e imagem, não aconteceu nada que se comparasse, em termos de "salto", com o que houve entre 66 e 74. Esse conceito do salto tecnológico pode ser aplicado aos meios de transporte terrestres (antes e depois do automóvel), viagens internacionais (antes e depois do avião), telefonia (antes e depois do celular) e diversas outras coisas. Mas acredito que o maior de todos os saltos da história humana foi o da digitalização das informações, que nos levou à informática e suas aplicações maravilhosas. As possibilidades criadas eram tão incríveis que, acredito, em um determinado momento chegamos a ter a impressão de que o ciclo do ser

## Causos, causos e mais causos – todos com alguma justificativa • 19

humano como inteligência maior deste planeta estava próximo do final. Mas, ao que parece, a coisa não chegou, nem vai chegar, a esse ponto. E hoje voltamos a ter o ser humano como centro maior das atenções.

Só para tentar demonstrar nossa tese, podemos citar os bancos como um exemplo muito forte para ilustrar a forma como ocorreu esse "salto" de inovação. A tarefa de "tirar dinheiro do banco", até o final da década de 70, envolvia um contato físico com a agência bancária, onde havia indivíduos (humanos) encarregados de receber o cheque, conferir saldo e assinatura e, finalmente, entregar o dinheiro ao correntista. Em menos de dez anos, todos os bancos evoluíram para o caixa eletrônico, como temos hoje. É claro que o número de pessoas envolvidas na operação reduziu-se drasticamente; e, tenho certeza, enquanto estávamos no meio do "salto" muitos profetas do caos garantiram que, num curto espaço de tempo, todos os bancos seriam virtuais, prescindindo totalmente de bancários, gerentes e o que mais fosse. E o que aconteceu de fato? Calando a boca desses falsos profetas, o que se viu foi que, nos últimos anos, os bancos passaram a investir pesado na busca de se tornarem diferenciados no tratamento dos clientes. É claro que eles miram apenas nos clientes de alta renda, afinal bancos não são instituições filantrópicas, mas a evolução ocorreu dessa forma. Resumindo, o mundo não acabou, tivemos apenas um trabalho de adaptação a uma nova realidade tecnológica.

Em gerenciamento de projetos, tivemos algo parecido: a entrada em cena da tecnologia de informática, que nos proporcionou a maravilha de fazer cronogramas automaticamente, determinar caminhos críticos e suas alternativas em milésimos de segundos e mais um caminhão de outras coisas, deu a alguns apressadinhos a falsa impressão de que a substituição dos gerentes de projetos humanos por máquinas era uma mera questão de tempo – pouco tempo, na verdade. Só que, mais uma vez, as conclusões precipitadas não se confirmaram e o que temos hoje, contrariando as previsões iniciais, é uma forte valorização das habilidades "humanas", demonstrando mais uma vez que, passado o salto inicial, as coisas voltam a evoluir normalmente, a partir de um novo patamar, é claro. Depois de todo o fascínio que os novos "brinquedinhos" proporcionaram, voltamos a colocar no centro de tudo este fantástico ser humano, o velho "macaco sem pelos" de que nos falava Aldous Huxley.

Ficou difícil de entender? Pois vamos então consultar quem realmente conhece a alma humana em toda a sua profundidade: os poetas. Caetano Veloso pode ser um bom início:

## 20 • Surfando a Terceira Onda no Gerenciamento de Projetos

> *Um índio descerá de uma estrela (...) mais avançado que a mais avançada da mais avançada das tecnologias (...). E aquilo que nesse momento se revelará aos povos / surpreenderá a todos não por ser exótico / mas por ter estado oculto / quando terá sido o óbvio*
>
> Trechos da música "Índio", de Caetano Veloso

Se existe uma coisa que vai estar presente ao longo de todo este livro são citações. E por que tantas citações? Por força de uma bendita lição que aprendi quando era criança. Assim como quase todos os meninos brasileiros, meu sonho sempre foi ser um craque de futebol. Marcar um gol decisivo para o Grêmio, num Estádio Olímpico lotado, foi uma ideia que andou pela minha cabeça desde o dia em que chutei uma bola pela primeira vez, não lembro onde nem quando. O problema é que meu amor pela bola nunca foi correspondido; eu gostava muito dela, mas ela nunca pareceu sentir-se bem com a forma como eu a tratava, por mais que eu me esforçasse. Em um belo dia, ouvi a frase que marcou a minha vida para sempre. Ao me ver tentando dominar uma bola numa "pelada" de rua, um gaiato falou: "meu filho, quem sabe joga, quem não sabe bate palma" (foi assim mesmo, com erro de concordância e tudo). E pelo tom de voz que ele usou consegui entender (sem grande dificuldade, aliás) que na opinião dele eu me enquadrava no segundo caso. Para dizer a verdade, só a teimosia absurda de um louco apaixonado faz com que eu tente jogar bola até hoje, mas a ilusão de ser um craque foi abandonada cedo. Com as palavras ocorre o mesmo: sou fascinado pelos grandes escritores, particularmente pelos poetas. E toda vez que penso que consegui escrever alguma coisa mais ou menos decente, descubro que alguém já havia dito aquilo de uma forma muito mais clara e elegante que eu. Resultado: quem não sabe, bate palmas. E a melhor forma de bater palmas, no caso, é reverenciar os craques da palavra através das citações. Nesse particular, os poetas, sem dúvida, são campeões absolutos. Costumo dizer que Deus, quando quer transmitir alguma coisa realmente importante para a humanidade, escolhe os poetas como interlocutores. E o objetivo Dele é justamente mostrar que devemos respeitar os diferentes. Poetas, muitas vezes, são bêbados, drogados, egoístas, desajustados sociais, alguns são violentos, outros possuem uma vida sexual totalmente confusa – mas tenho certeza de que o Pai nosso que está no Céu, por alguma razão além do nosso entendimento, simpatiza com eles. Afinal, por que você acha que foi justamente no ouvido de um cara totalmente fora dos padrões, como o Renato Russo (só para citar um exemplo), que Ele resolveu soprar aquela iluminada frase que diz que "é preciso amar as pessoas como se não houvesse amanhã" – que podia ter sido pronunciada diretamente por um anjo do Senhor? (Na verdade, no fundo, eu acho mesmo é que os bons poetas <u>são</u> os anjos do Senhor, mas não disse isso porque fiquei com medo de ser jogado na fogueira inquisitorial por algum grupo de puritanos de plantão. Melhor deixar assim. Só para implicar mais um pouco, outra citação, outro poeta, outro doido-maravilhoso:

> *Imagina o susto que estas beatas vão levar se Deus existir mesmo!*
>
> Mário Quintana.

Tenho certeza de que este meu conterrâneo de talento ímpar está hoje tomando suas cervejinhas em algum boteco celestial, cercado de anjinhos embevecidos por sua poesia. Mas o melhor é fechar logo este parêntese subversivo. Vamos voltar ao assunto. Aliás, qual era o assunto mesmo?).

Certo, eu falava do índio citado pelo mais baiano dos poetas Caetanos (ou não?). O retorno do ser humano ao centro da cena, depois de alguns anos de fascinação absoluta pela informática e suas possibilidades, reflete-se nas palavras deste brasileiro genial. Sem dúvida, o cérebro de qualquer ser humano, mesmo o mais puro e desinformado, como o índio em questão, é mais avançado que a mais avançada da mais avançada das tecnologias. E o mais incrível é que essa verdade esteve oculta durante algum tempo, mesmo tendo sido o óbvio. "C.q.d.", ou seja, conforme queríamos demonstrar: o teorema de Caetano é perfeitamente válido.

Essa argumentação toda pareceu muito fluída, muito esotérica, muito poética, muito pouco prática? O que quero dizer basicamente é o seguinte: não pense que as metodologias e ferramentas vão resolver o seu problema. O ser humano está sempre no centro de tudo. E é nessa capacidade que o ser humano tem de, em alguns momentos, ser a grande solução do que parece insolúvel e, cinco minutos depois, ser a mais irremovível pedra de tropeço é que está a maravilha da vida. E o gerenciamento de projetos faz parte da vida.

Só para fechar o assunto: projeto é mudança. E é nos momentos de mudança que o ser humano pode ser o mais grandioso ou o mais covarde. A rotina desumaniza, já nos ensinava o genial Charles Chaplin em "Tempos Modernos". A quebra da rotina nos desafia, nos leva a novos níveis de consciência. Máquinas não conseguem quebrar a própria rotina. Por enquanto ainda levamos essa vantagem. E fazer essa vantagem funcionar, no ambiente de mudanças, pode ser a chave para que o projeto nos leve a uma situação melhor, e não a um retrocesso.

# 2. Reflexões de um engenheiro quarenta anos após a sua formatura

No dia 13 de dezembro de 1975, numa enorme festa no Ginásio Gigantinho, do Internacional, eu e mais uns 300 formandos do curso de engenharia da UFRGS recebemos o nosso diploma. É interessante notar que no dia seguinte, no estádio ao lado desse ginásio, o Inter venceu o Cruzeiro em um jogo épico e conquistou seu primeiro campeonato brasileiro de futebol, mas meu coração gremista prefere ignorar essa coincidência histórica.

Hoje, quarenta anos depois, como está o Brasil e a engenharia brasileira? É claro que é possível escrever vários artigos e talvez até um livro sobre o assunto, mas vou tentar focar em alguns poucos pontos, para evitar que o provável leitor desista só de olhar.

1. **O perfil do engenheiro:** fiz parte da última geração que ainda utilizou réguas de cálculo. Conheci uma calculadora de quatro operações quando já estava no terceiro ano da faculdade, e o nosso conceito de "computador" ainda era o monstrengo chamado "IBM 1130". O avanço da informática trouxe, na minha visão, duas consequências importantes, uma ruim e uma boa:

   a) **Perda da sensibilidade matemática:** sem querer puxar a brasa para o meu assado, entendo que a falta de ferramentas nos obrigava a entender melhor os problemas e a ter uma boa noção sobre ordem de grandeza (tínhamos que trabalhar sempre com números redondos). Hoje vejo engenheiros que são apenas "pilotos de planilha": colocam os dados e registram as respostas automaticamente. Veja bem, não estou dizendo que são menos inteligentes do que os antigos; apenas ficaram preguiçosos, nunca precisaram fazer uma conta de cabeça. E isso faz falta.

b) **Desenvolvimento de outras qualidades:** como passávamos a maior parte do tempo envolvidos com contas e números, a parte "humana" dos engenheiros da minha época era uma verdadeira tragédia (veja bem, estou falando em termos médios). Assim, quando ele evoluía para posições gerenciais, costumava se portar como um ogro. Hoje, a parte "braçal" da matemática é feita por computadores, e os engenheiros (em média, repito) estão muito mais habilitados a lidar com questionamentos fora da sua área de atuação. Isso é ótimo.

2. **O Brasil:** cursei a faculdade no momento mais forte e repressivo da ditadura militar, no início dos anos 70. Também vivi o "milagre brasileiro" na época. Depois de formado, vi, com satisfação, a evolução para um estado democrático, mas também sei que o maior fator para o fim da ditadura foi a decadência econômica do modelo que nos levou ao "milagre". Hoje vejo com tristeza que a situação se repete; o PT copiou exatamente o que deu errado no modelo militar e estamos diante de uma nova crise pós--"milagre". Sem entrar muito em detalhe, o que eu entendo disso tudo é que nos faltou uma evolução cultural; estamos em um estado democrático, e espero que ninguém pense em sair dele, mas o fato é que não temos ainda um debate político qualificado (continuamos com briguinhas ideológicas, tipo neoliberais x bolivarianos, assim como antigamente eram comunistas x reacionários, enquanto o mundo civilizado já passou desse estágio há tempos). A própria estrutura de poder não evoluiu; o Presidente da República, embora agora seja eleito por voto popular, mantém poderes quase ditatoriais, o que pode ser visto no caso da Petrobras, onde ficou claro que Presidente, Diretores e Conselho de Administração da empresa nunca tiveram liberdade para discordar do Palácio do Planalto; quem não dançar conforme a música vai embora. Resumindo, não somos mais uma ditadura, mas ainda estamos longe de uma cultura democrática. E, infelizmente, isso ainda faz muita diferença.

3. **As mulheres arrombaram a porta:** esta talvez seja a mudança cultural mais significativa e interessante de todas. Sim, eu fui criado em uma sociedade em que as "moças de família" casavam virgens e eram treinadas para o papel de esposas e donas de casa. "O avental todo sujo de ovo" citado na melosa canção era o diploma de "rainha do lar", a mãe e esposa exemplar e submissa. Fico impressionado em ver como as coisas mudaram tanto em tão pouco tempo. Para ter uma ideia de qual era o papel da mulher na sociedade de então, digo que, dos 400 alunos aprovados no vestibular de engenharia da UFRGS em 1971, apenas 20 (ou seja, 5%) eram mulheres. E, se a memória não me falha, esse número foi um recorde para os padrões

da época. Impressionante como, em poucas décadas, chegamos a ponto de ter uma mulher ocupando a Presidência da República (embora não seja, seguramente, o mais brilhante exemplar da espécie, mas tudo bem). É claro que ainda existem bolsões de resistência machista, afinal quarenta anos é muito pouca coisa em termos de história, mas essa foi uma evolução espetacular. Uma vitória para as mulheres e para toda a sociedade.

4. **Perspectivas futuras:** este é outro ponto onde o mundo mudou muito. Em 1975 a expectativa de vida útil do ser humano era bem menor. Minha geração foi a que largou o cigarro (eu, graças a uma bronquite asmática na infância, nunca tive nem a curiosidade de experimentar) e também começou a dar importância a uma alimentação saudável e a exercícios físicos. A famosa música dos Beatles colocava a idade de 64 anos como a porta do asilo ("will you still need me, will you still feed me, when I'm 64?"). Pois bem, eu e meus colegas estamos hoje nesta faixa (eu completei 64 em 11 de março de 2016) sem necessidade de que alguém nos alimente e com a certeza de que ainda precisam da gente. E, entendo eu, com a possibilidade de assumir o protagonismo na maior mudança da história do Brasil. Porque estamos assistindo a cenas inéditas: empresários, diretores de empresas estatais e privadas e até políticos de primeiro escalão estão indo em cana. Agora, para que isso traga resultados práticos, é preciso que não fiquemos na posição de meros torcedores; é hora de participar do jogo, exigindo que novas bases sejam estabelecidas. Saem de campo o compadrio, as capitanias hereditárias, o "jeitinho brasileiro", o autoritarismo; entram a meritocracia, a competitividade, a eficiência e a educação de qualidade. E nós, engenheiros, somos importantes para que esse jogo vire. Afinal, se tem alguém que entende de projetos somos nós.

Quem viver, verá.

# 3. O causo do japonês inconveniente

Essa história me foi contada por um velho amigo, pessoa de total credibilidade e que foi testemunha ocular da cena, portanto não tenho motivos para duvidar que seja verídica.

O "causo" aconteceu lá pelo final dos anos 80. Estávamos no auge da "febre da qualidade total", e esse era o assunto único nas conversas dos gerentes da época. Na Petrobras estávamos buscando todas as padronizações e certificações possíveis, as normas ISO eram a nossa Bíblia, Juran e Deming, os nossos profetas, os famosos CCQ (Círculos de Controle da Qualidade) funcionavam a todo vapor, enfim, qualidade era a palavra de ordem.

E aí alguém teve a brilhante ideia de chamar para uma visita um dos grandes gurus da qualidade – ninguém menos que o japonês Kaoru Ishikawa, o homem do diagrama causa-efeito, um dos mais conhecidos e respeitados nomes do ramo.

Pois o nosso bom Ishikawa passou o dia todo assistindo apresentações de diversas áreas da empresa, todo mundo fazendo questão de mostrar as suas padronizações, os seus procedimentos e aquele papo todo. O japa assistiu a tudo calado, com aquele ar enigmático que só um oriental consegue ter (na verdade, a gente nunca sabe se ele está profundamente concentrado ou se está dormindo mesmo), até que, no final, pediram a opinião dele.

Meu amigo disse que o cara olhou, pensou um pouquinho e falou algo do tipo: "OK, pessoal, muito bom tudo isto, mas... o que vocês apresentaram aqui eu já conheço, está nos livros, inclusive nos que eu mesmo escrevi. O que eu gostaria de perguntar é: qual foi a melhora nos resultados de vocês a partir da aplicação dessas práticas?"

Ainda segundo a narrativa do meu amigo, o que se seguiu foi um silêncio constrangedor. Depois de alguns segundos que pareceram uma eternidade, alguém con-

# 26 • Surfando a Terceira Onda no Gerenciamento de Projetos

seguiu emendar algo do tipo "estamos começando agora, ainda não foi possível aferir", enfim, uma conversa estilo Rolando Lero, o imortal personagem da escolinha do não menos imortal Professor Raimundo, o grande Chico Anysio. Completando a história, diz a lenda que, durante muito tempo, alguns gerentes da área de qualidade passaram a se referir ao mestre Ishikawa como "aquele japonês inconveniente".

Hoje, quando penso no "boom" do gerenciamento de projetos nos últimos anos, essa historinha deliciosa me parece mais atual do que nunca. Afinal, de uns dez anos para cá a Petrobras passou de meia dúzia de PMPs (eu, que me certifiquei em novembro de 2001, fui um dos pioneiros) para algumas centenas, tivemos no Brasil uma proliferação de cursos de MBA, pós-graduação, criamos dezenas de "chapters" do PMI e quais foram os resultados? Projetos atrasadíssimos, orçamentos estourados, escopos mal definidos, enfim, estamos pagando mico perante o mundo todo, tanto nas novas refinarias como na Copa, nas Olimpíadas, e por aí vai.

Isso significa que essa história de gerenciamento de projetos e qualidade total não passa de uma papagaiada, destinada apenas a enriquecer alguns consultores? É claro que não. É provado que as boas práticas definidas pelo PMI e por diversas outras instituições melhoraram os resultados de milhares de projetos no mundo todo, da mesma forma que a correta aplicação dos princípios da qualidade total transformou o destroçado Japão do pós-guerra em uma potência mundial de primeira linha em pouco mais de duas décadas.

Qual é o problema, então? É claro que esta resposta exigiria muito mais que um simples artigo, mas, tentando ser objetivo, eu diria, numa visão simplista e resumida, que nós, brasileiros, continuamos os mesmos índios de tanga, querendo bugigangas, que Cabral encontrou há cinco séculos. Damos um valor imenso a quem é bom em fingir, enganar, falar bonito; adoramos enfeitar nossos nomes com títulos e certificações (você sabe com quem está falando? José Mané, PMP, IPMA, MBA, Msc, PhD e mais sei lá o quê), e também temos uma disposição enorme para criar normas e procedimentos altamente complexos, buscando cobrir todos os casos possíveis e imagináveis. Só que nos sentimos mortalmente ofendidos quando alguém cobra resultados. Isso nos diferencia profundamente dos povos "pragmáticos", como americanos, alemães e japoneses, por exemplo. E é só olhar aonde eles chegaram e onde nós estamos para constatar qual das duas abordagens é melhor.

Enfim, pretendo ir mais adiante nessa análise em um próximo texto, porque este já ficou muito grande.

Até a próxima!

# 4. Todo projeto é uma mudança, mas nem sempre a mudança é um bom projeto

*Todo projeto supõe ruptura com o presente e promessas para o futuro. Projetar significa tentar quebrar um estado confortável para arriscar-se, atravessar um período de instabilidade e buscar uma estabilidade em função de promessa que cada projeto contém de um estado melhor do que o presente.*

Moacir Gadotti

Esta é, seguramente, a melhor e mais completa definição que conheço para a palavra "projeto". Ela inclui três pontos que me parecem fundamentais:

a) **Ruptura com o presente:** ninguém faz um projeto para continuar do jeito que está. Projeto é mudança. E a experiência me ensinou que o ser humano é preguiçoso por natureza e só sai de seu estado de conforto e parte para a mudança em duas situações: pela promessa de uma recompensa ou sob ameaça. Existe até uma piadinha politicamente incorreta sobre coelhos e cenouras que exemplifica bem o assunto (não posso contar a piada aqui porque este é um livro de nível familiar. Se tiver curiosidade sobre o assunto, favor contatar o autor).

b) **Atravessar um período de instabilidade:** qualquer projeto, qualquer obra, seja a construção de uma refinaria, a realização de um grande evento ou uma simples reforma no banheiro de casa, gera incômodos. É preciso administrar conflitos e, a todo momento, reavaliar a situação. Nessa hora, conforme diz a velha canção americana, "only the strong survives". Projeto é para gente forte.

c) **A promessa de um estado melhor:** o grande problema dos projetos é que o investimento é feito hoje, mas a recompensa só virá amanhã. Culturas imediatistas, como infelizmente é o caso da nossa (brasileira), não trabalham bem com essa ideia de sacrifício do presente pelo futuro, o que, na minha visão, atrapalha os resultados de todo e qualquer projeto que se tenta fazer por essas bandas. E é este o raciocínio que pretendemos desenvolver ao longo de todos os artigos (e causos) deste livro.

Tentando uma boa definição para a palavra "cultura", fico com uma atribuída a Albert Einstein, o genial criador da Teoria da Relatividade:

> *Cultura é aquilo que resta quando tudo o que foi aprendido é esquecido.*

Considero essa definição simples, mas genial. Trocando em miúdos, cultura é tudo aquilo que, por algum tipo de processo, acabou sendo "inoculado" nas veias de um ser humano, de um povo. Esses valores podem fazer uma enorme diferença quando, por força de todas essas mudanças malucas no ambiente externo, um grupo (que pode ser um povo, uma sociedade, uma empresa ou uma equipe de projetos, tanto faz) é obrigado a enfrentar a dureza de um momento de ruptura com o preexistente, em busca de um novo patamar de estabilidade. Sabe-se muito de equipes, empresas ou países que "deram certo" ou "deram errado", mas, via de regra, muitos analistas acabam se perdendo ao não dar a devida importância ao fator cultural.

Tentando entender a razão dessa tendência generalizada a não levar em conta os fatores culturais, enxergo basicamente duas razões principais para isso. A primeira é que, durante muito tempo, a palavra "projeto" foi associada ao pessoal da área de exatas, mais particularmente os engenheiros. Nada mais justo, afinal, se existe alguém que está quase sempre envolvido em projetos, é um engenheiro. Só que o cérebro do engenheiro é superdesenvolvido na área de matemática e afins, mas, na maioria dos casos, não gosta de trabalhar com a parte emocional e humana (a qual, genericamente, denominamos de "frescura" – engenheiros não são politicamente corretos). Só que hoje já tivemos uma boa evolução nessa área, conforme já foi citado em textos anteriores. A segunda razão é que é muito difícil quantificar o valor desses fatores humanos e, mais ainda, tentar determinar ações de melhoria nessa área.

Independentemente dessas dificuldades, o fato é que, queiram os engenheiros ou não, os fatores culturais e humanos são decisivos para que os projetos atinjam os seus objetivos Talvez a "pedra filosofal" do moderno gerenciamento de projetos seja buscar a resposta para a pergunta: como fazer as pessoas trabalharem de forma mais eficiente em uma equipe de projeto? É claro que não nos move a pretensão (que seria absurda, diga-se) de chegar a alguma tese definitiva e irrefutável sobre o assunto – na verdade, nos parece bem mais atraente esse tipo de "approach" bem-humorado, em que não vamos propor muitas soluções, mas apenas fazer algumas divagações que nos parecem interessantes (e normalmente divertidas) sobre esse tal de "ser humano" – sem dúvida, a grande pedra de construção ou de tropeço em qualquer tipo de empreitada.

Se alguém considerou frustrante essa proposta, podemos contra-atacar com algumas boas perguntas – quantos livros de autoajuda você já leu? Quantos valeram mesmo a pena? Você acredita, mesmo que alguém conhece efetivamente a fórmula do sucesso? Eu, pelo menos, tenho a honestidade de dizer que não sei. Quero apenas tentar demonstrar algumas pequenas teorias, utilizando exemplos e conhecimentos que acumulei ao longo de mais de trinta anos de trabalho e que podem ser úteis para uso em situações futuras. Isso se chama experiência. Na frase genial de Aldous Huxley, "experiência não é o que acontece com você; é o que você faz com isso". Ou, como dizia a minha falecida avó, uma sábia senhora lá de Santa Maria da Boca do Monte, "as malas também viajam – e não aprendem nada". Se ela tivesse vivido o suficiente para conhecer as gírias do início do século XXI, provavelmente acrescentaria – os "malas" também viajam. E continuam chatos. As pessoas normais tentam aprender alguma coisa. As anormais vão além – e escrevem livros para tentar transmitir esse conhecimento para os outros. No fim das contas, não há motivo para preocupação; de médico, gerente de projetos e louco todo mundo tem um pouco.

# 5. Onde foi mesmo que você enfiou a estaca do Peter Senge?

Peter Senge é um dos meus grandes gurus quando se trata de motivação, inovação e trabalho em equipe. Considero seu livro "A Quinta Disciplina" uma leitura obrigatória para quem tenta se embrenhar por essa selva. Um dos pontos interessantes levantados por ele no livro diz respeito à ambição e motivação do ser humano. Analisando de forma simplista, Senge diz que o ser humano deve fixar para si alguns objetivos e, em seguida, definir onde ele está hoje e como fará para chegar lá. Graficamente, seria como você definir um ponto do espaço onde você está hoje e cravar uma estaca no ponto que quer atingir um dia. Entre o ponto e a estaca, coloque uma mola. Assim, quanto mais longe você estiver do ponto que quer atingir, maior será a tensão nessa mola – e a isso ele dá o nome de "tensão criativa". Ou seja, o ser humano vai utilizar a sua criatividade para chegar aos objetivos que traçou. Até aí tudo bem. O raciocínio é perfeito, mas cabem aqui algumas digressões interessantes.

Em primeiro lugar, é interessante notar como as pessoas têm dificuldade de saber o que pretendem. Quarenta anos atrás, esse jogo era muito mais fácil: felicidade era estudar, montar um negócio, casar, ter filhos e esperar a morte chegar. O problema é que a evolução da tecnologia e a globalização puxaram o tapete da geração seguinte, e a vida de repente ficou muito complicada (uma boa frase sobre o assunto: toda vez que penso que encontrei as respostas, a vida vem e muda as perguntas. Não sei onde li, muito menos quem é o autor, mas é perfeita). Hoje, a resposta a esta simples pergunta – o que você quer da vida? – implica em profundas reflexões. Para as fêmeas da espécie, então, o problema complicou muito mais. Enquanto antigamente existia o ideal da "housewife" – uma bela casa, um marido carinhoso (e de preferência endinheirado), filhos, amigas, clube, chá das cinco e por aí vai – a revolução do feminismo a partir da segunda metade do século XX abriu o leque de perspectivas, mas, ao mesmo tempo, colocou em xeque todas as convicções anteriormente arraigadas. Assim, passou-se a exigir da mulher a chamada "dupla jornada", que incluía a realização profissional em paralelo com todos os deveres de mãe e esposa perfeita. Além disso, a liberação sexual permitiu que ela se livrasse do jugo de ter um homem só para o resto da vida – podia agora escolher e ter os parceiros que quisesse e os orgasmos que bem entendesse. Maravilhoso? Eu diria que vai ser algum dia, mas este é um projeto que ainda está em consolidação. E vamos logo com uma citação, para começar o debate:

> *Casamento é o destino tradicionalmente oferecido às mulheres pela sociedade. Também é verdade que a maioria delas é casada, ou já foi, ou planeja ser, ou sofre por não ser.*
> Simone de Beauvoir

Nas palavras de uma das mulheres mais inteligentes que já passou por este planeta, todas as contradições do maravilhoso, e para nós homens incompreensível, universo feminino. Mas a verdade é que, mesmo sendo um homem comum, com inteligência na faixa entre mediana e medíocre, até eu consigo entender que as mulheres pós-feminismo ainda não conseguiram encontrar o seu ideal de felicidade. Afinal, como sabemos, a Mulher Maravilha é apenas um personagem de ficção, e por isso até hoje não foi bem resolvida a equação que todos esses graus de "liberdade" vieram a propor. Assim, a dona de casa frustrada e neurótica da década de 60 foi substituída por vários tipos de frustradas e neuróticas no mundo de hoje, onde temos a realizada profissionalmente, mas que não conseguiu ser mãe, a frustrada profissionalmente, a frustrada sexualmente e mais um monte de outras variações. Usando a visão de Senge, me parece que o grande problema é que, na ânsia de aproveitar todas essas novas oportunidades, algumas cravaram a estaca em um local inatingível. Vamos evoluir com esse raciocínio mais adiante.

O que fazer então? Voltar ao estado antigo? É claro que não. Apesar do tom irônico e simplista adotado no parágrafo anterior, essas conquistas todas foram importantes demais para toda a civilização humana. O grande problema, diria eu para concluir o raciocínio, é que lidar com a liberdade de escolha não é fácil. Assim, enquanto antigamente o menino era programado para querer ser engenheiro, médico ou advogado e a mulher para casar, hoje tudo mudou. E surgiu nas pessoas essa dúvida existencial profunda – afinal, onde eu quero enfiar a estaca? Se o gênio da lâmpada aparecesse na minha frente, o que eu ia pedir mesmo? Hoje, portanto, a dificuldade já começa pelo ponto mais básico: descobrir o que queremos fazer, do que gostamos, saber fixar as próprias metas de forma razoável e condizente. Não vale dizer

## 32 • Surfando a Terceira Onda no Gerenciamento de Projetos

"do jeito que tá, tá bom", porque aí você vai querer ficar parado – e, infelizmente para você, o mundo gira e tudo muda toda hora (para quem não lembra, estamos tentando, desde o início, falar de gerenciamento de projetos. E projeto, antes de tudo, significa mudança). Também não adianta dizer: "só vou me considerar realizado quando jogar bola melhor que o Messi, tiver mais dinheiro que o Bill Gates e mais mulheres que o Mick Jagger", porque aí você colocou a estaca na estratosfera e não existe mola que chegue até lá – e temos mais um neurótico frustrado porque não consegue alcançar o impossível (sou tão preocupado com os neuróticos e sua influência malévola na equipe que dediquei um artigo inteiro a eles, conforme poderão ver mais adiante). Como de hábito, não temos uma resposta objetiva, mas o certo é que não existe volta. Só você pode entender o que você mesmo quer da vida. Não tem livro de autoajuda que resolva isso.

O segundo ponto importante é o potencial da pessoa. E essa é mais uma pergunta que costuma deixar os espíritos em profundas dúvidas hoje em dia. Você é bom em quê mesmo? Quais os talentos que você tem que não se encontram com facilidade? Aqui entra mais uma coisa interessante. Desde que o chamado "mundo tradicional" (o "establishment" que tanto odiávamos e combatíamos na década de 60, mesmo sem entender direito o que era e o que significava) desabou e chegou-se à conclusão que não existe mais lugar para os medíocres, pais do mundo todo passaram a quebrar a cabeça procurando as tais "habilidades especiais" que seriam necessárias para que seus filhotes conseguissem sobreviver na selva do mercado de trabalho. Muitos sonham com atalhos; assim, quando um pai coloca o pimpolho numa escolinha de futebol, o mínimo que ele espera é que o filhote venha a ser um futuro titular da seleção brasileira, que vá jogar no Real Madrid e fique multimilionário. O problema é que não se esbarra num Ronaldinho Gaúcho, num Neymar, nem mesmo em um Odivan (alguém se lembra do Odivan?), em qualquer esquina do país. E vem uma frustração danada. A solução desse problema é muito mais simples do que parece. Quando se fala em "habilidades da pessoa", ninguém está querendo que o sujeito seja um novo gênio da física ou craque de futebol. O que tem que ser entendido de uma vez por todas é que pessoas normais têm habilidades normais – ou seja, mesmo que você nunca venha a fazer nada nessa vida que justifique um pedido de autógrafo ou uma capa de revista, a verdade é que qualquer um de nós tem a capacidade de realizar bons e importantes trabalhos em sua área de atuação, desde que seja honesto, ético, dedicado e, obviamente, não seja um imbecil completo.

Uma antiga composição da dupla Lennon-McCartney, imortalizada pelos Beatles lá pelos idos de 1970, tocava, de maneira interessante, no assunto (comentário do leitor impaciente: lá vem ele com os poetas. Agora em inglês. Dá para aturar?). O

Causos, causos e mais causos – todos com alguma justificativa • 33

título, sugestivo, era "All you need is love", e a letra começava com alguma coisa do tipo "não há nada que você possa fazer que alguém também não possa" (a tradução é de quinta categoria, mas o espírito era esse). Resumindo, o conselho era: você pode não ser um cara fora de série em nada do que você faz nessa vida, mas sempre haverá alguém que goste de você. E isso deve fazer você feliz. O problema é que, depois que o mundo desabou, alguns falsos profetas do Apocalipse resolveram dizer que não existe mais lugar para os "perdedores". E berram, nos nossos ouvidos, todos os dias: seja o melhor! Ou, na língua inglesa (que eles adoram), a frase neurótica: "number one is number one, number two is nothing!"* (precisa de tradução? Você não sabe inglês? Então corra para o túmulo, você está morto e não sabe!).

Ficou apavorado? Então vamos colocar as coisas no lugar, com calma. Em primeiro lugar, o mundo não desabou – houve apenas uma acomodação de camadas. Mudanças sempre ocorreram, e, desde o início dos tempos, quem sobrevive não é obrigatoriamente o mais forte, mas sim o que melhor se adapta às transformações do ambiente. E penso que os profetas do Apocalipse existem desde sempre também. Costumo brincar com alguns amigos meus dizendo que, no mundo de hoje, esses profetas do caos são conhecidos como "consultores". Embora o tom seja de brincadeira, a verdade é que, em alguns casos, esses tipos podem ser perigosos. A visão do mundo como uma selva, onde não há regras e todos os recursos são válidos para buscar o "sucesso", pode impressionar alguns incautos, mas, felizmente, as pessoas de bom-senso hoje estão conquistando o seu devido espaço, de novo.

Resumindo, crave sua estaca em um lugar adequado, estabeleça metas razoáveis, mantenha a mola da sua tensão criativa esticada – mas não muito. E carregue amor no coração. Muito piegas, esta? Pois é, mas os Beatles estavam certos. Por favor, não confunda esta sagrada palavra (AMOR) com a homônima que o pessoal usa em letra de pagode ou de bolero. Estou falando de amar o trabalho, a honestidade, o talento, o estudo, o bom humor, o meio ambiente e tudo isso. O próprio Peter Senge (como acontece hoje com dez em cada dez gurus) se tornou um cara altamente espiritualizado. O mundo não está muito fácil. E a última coisa que a gente precisa é de mais complicação.

Faça o seu trabalho direito, busque as oportunidades com decência e honestidade, respeite os subordinados, colegas e superiores. Parece muito difícil? Citando um dos meus maiores ídolos, o reverendo Martin Luther King, lembro que em um de seus

---

* A frase significa "o número um é o número um, o número dois é nada". O autor é bonzinho e traduz a frase para os pobres ignorantes.

mais belos sermões ele citou um triângulo que seria o símbolo do sucesso para a vida de um homem. Os três lados eram: os seus sonhos, o respeito ao sonho dos outros e o caminho para Deus. E, segundo ele, quanto mais equilibrados fossem os lados deste triângulo, melhor seria a vida deste homem e dos que estivessem à sua volta. Ou seja: busque os seus sonhos sem prejudicar o dos outros. E não esqueça de colocar Deus em algum lugar do caminho. E, pelo amor d'Ele, entendam que o Deus de que estou falando é o que diz "ama teu próximo como a ti mesmo". Daniel Goleman, no seu excelente livro "Inteligência Emocional", disse que pessoas dotadas de grande religiosidade são as melhores para fazer parte de uma equipe, uma vez que são mais resignadas e aceitam com mais facilidade algumas "derrotas" que são normais ao longo da vida. Eu complementaria dizendo o seguinte: pessoas com religiosidade são ótimas, fanáticos religiosos são terríveis. Aliás, pensando bem, todo tipo de xiita é desagradável – seja o assunto futebol, política ou religião. Mais uma citação? É pra já:

> *Fanático é quem não consegue mudar de ideia e não quer mudar de assunto.*
>
> Winston Churchill

Realmente, o velho estadista inglês tinha razão: todo fanático é chato. Mas, sem dúvida, os mais perigosos são os que associam "deus" ao seu fanatismo (escrevi a palavra "deus" assim mesmo, entre aspas e com minúscula, de propósito. É para não confundir com o Verdadeiro). Assim, não confunda o Deus que eu citei antes com esses similares falsificados. Cuidado com pessoas que se autoatribuem a condição de "eleitos", com os que dividem o mundo entre "os nossos" e "os do demônio", enfim, não coloque o nome do Velho nessas histórias. Ele já tem problemas suficientes para ter que ficar aturando alguns neuróticos e/ou safados que ficam falando indevidamente em nome Dele. Deus de verdade é aquele que significa amor infinito pelas pessoas, sejam elas brancas, pretas, amarelas, católicas, muçulmanas, macumbeiras, ricas, pobres, flamenguistas ou vascaínas. Tem um bocado de deuses que autorizam a matar e dar porrada, mas esses são imitações de quinta categoria. Na bela definição do Dalai Lama, "a melhor religião é a que te faz mais compassivo, mais sensível, mais desapegado, mais amoroso, mais humanitário, mais responsável". Lembro de outra boa frase, cujo autor desconheço, que fala que "não se mede a grandeza de uma religião pelo número de pessoas que ela exclui, mas sim pelos que ela é capaz de incluir". Resumindo: ponha esse amor sagrado em sua vida. Não tem equação, mas é importante, faz a gente trabalhar melhor. E segue o jogo.

Acredite: muitos afirmam que o Deus de verdade é capaz de amar até os gerentes de projetos (há controvérsias sobre isso, é claro).

# 6. Uma olhada nas Sagradas Escrituras (ou: lá vem ele com o Peter Senge. De novo!)

Cada vez mais se fala na valorização do ser humano nas empresas. Cada vez mais se fala em ética, valores morais e outras coisas parecidas. O problema é que o nível de questionamentos que essa proposta levanta vai muito além do nosso pequeno mundo empresarial. Peter Senge arranhou esse assunto em um artigo recente ao dizer que as pessoas devem ter, como as empresas, uma missão – e é a partir dessa missão que podemos decidir sobre certo e errado, sobre o que é um bom ou mau resultado. Nesse contexto, temos todo um universo de posicionamentos, que podem ser resumidos, em seus extremos, entre a frase propositalmente cretina do pianista brega americano Liporace, que certa vez respondeu a seus críticos dizendo que preferia ser vaiado dentro de um carro luxuoso do que ser aplaudido no ônibus, e as mais modernas visões sobre líderes servidores e a importância dos valores perenes em detrimento da visão de curto prazo.

Em um seminário sobre liderança e mudanças, vi o autor americano Tom Peters ser colocado contra a parede com uma pergunta interessante: como é que fica o sujeito que introduz grandes mudanças, que é reconhecido como líder importante, mas para quem o reconhecimento só vem muito mais tarde (às vezes até após a morte)? Experiente, Tom Peters deu uma resposta meio enrolada, citando algo como a "perenidade de alguns valores" em contrapartida à visão de curto prazo, mas acabou se esquivando de entrar mais fundo no tema (na verdade, acho que não haveria tempo nem espaço para isso, pelo menos em um evento daquele tipo). O fato é que, só para ficarmos em um exemplo, se fizermos uma análise focada no curto prazo e em objetivos palpáveis e imediatos, a trajetória de vida do reverendo Martin Luther King Jr. foi um total desperdício (pequeno parêntese: os leitores mais atentos já devem ter notado que este cara é meu grande ídolo. Pensando bem, acho que até os desatentos já repararam nisso. E é verdade; tenho orgulho

# 36 • Surfando a Terceira Onda no Gerenciamento de Projetos

de poder dizer que eu e Luther King somos da mesma raça – a raça humana, para quem não entendeu). Enfim, tivesse ele ficado quietinho em sua vida normal de pastor, dificilmente alguém pensaria em dar um tiro nele; envelheceria, criaria seus filhos, brincaria com os netos e morreria em paz um dia. Só que ele, mesmo sem ter ouvido falar do Peter Senge, resolveu abraçar uma missão. E essa missão foi importante para todos os habitantes de seu país – e, de certa forma, seu martírio foi um exemplo marcante para uma mudança de atitude que se refletiu no dia a dia de praticamente todos os habitantes deste planeta. E aí nós, os pequenos gerentes de projetos do mundo, perguntamos: como é que fica? Será que para o cidadão Martin Luther King e seus familiares não era melhor que ele preferisse continuar vivo? Essa é uma daquelas perguntas totalmente sem resposta. De qualquer forma, puxando um exemplo talvez maior ainda, me lembro de uma música que a Rita Lee cantava, lá pelo início dos anos 70 (na verdade, era uma versão de um original em francês, cujo autor não me lembro). A letra era uma brincadeira com José, o pai de Jesus, e lá pelas tantas o sujeito dizia para ele:

> *Você podia simplesmente ser carpinteiro e trabalhar*
>
> *Sem nunca ter de se exilar, de se esconder com Maria*
>
> *Meu bom José você podia ter muitos filhos com Maria*
>
> *E teu ofício ensinar como teu pai sempre fazia*
>
> *Por que será, meu bom José, que esse teu pobre filho um dia*
>
> *Andou com estranhas ideias que fizeram chorar Maria*
>
> *Me lembro às vezes de você, meu bom José, meu pobre amigo*
>
> *Que desta vida só queria ser feliz com sua Maria*

Pois é, vai ver que o tal filho com estranhas ideias acabou por atrapalhar os simplórios planos de felicidade do nosso bom e simpático José. Só que as ideias malucas do barbudo mudaram a história do mundo. Parafraseando Carlos Drummond, em um contexto completamente diferente, e agora, José? É claro que não tenho a resposta para essa pergunta, mas, já que estamos no assunto, um dos fatos mais marcantes deste início de século XXI é a chamada "redescoberta de Jesus" pelos executivos. Sem querer fazer qualquer tipo de pregação religiosa (não tem coisa mais chata do que isso), a verdade é que chegamos a um ponto em que as crenças e convicções de cada pessoa começaram a se tornar importantes até no dia a dia das empresas. O livro "Liderança Radical", de Steve Farber, um grande sucesso de vendas em tempos recentes, aborda o assunto de forma interessante, dizendo que a ideia é viver cada situação, neste dia a dia, como se pudéssemos sempre mudar o mundo para melhor através de nossas atitudes. Ou seja, quando o sujeito recebe uma ordem de implementar um projeto que é lucrativo para a empresa, mas contraria os interesses maiores da humanidade (por exemplo, é danoso para o meio ambiente), a postura correta é questionar. Entre o emprego e o amor ao próximo, fique com o segundo. Fácil de dizer... bem, de qualquer forma, questionamentos com esse nível de profundidade não faziam parte das preocupações de empresas e empregados até alguns anos atrás. E já que entramos em profundas discussões filosóficas, me parece um bom momento para trazer à tona um dos mais belos textos escritos até hoje, a maravilhosa Epístola de São Paulo. Este é um daqueles textos que são lembrados apenas por um trecho – todo mundo conhece aquela parte inicial (imortalizada na música de Renato Russo) que diz: "ainda que eu falasse a língua dos anjos, que eu falasse a língua dos homens, sem amor eu nada seria...". Pouca gente conhece a parte final, que também é linda e fala especificamente da utilidade (pouca) do conhecimento humano, quando confrontado com os dons infinitos do amor. O trecho é um pouco longo, mas vale a pena:

> *O amor é eterno. Há mensagens espirituais, mas durarão pouco. Existem dons de falar em línguas estranhas, mas acabarão logo. Há conhecimento, mas terminará também. Porque os nossos dons de conhecimento e as nossas mensagens espirituais existem somente em partes. Mas quando vier o que é perfeito, então o que existe em parte desaparecerá. (...) O que agora vemos é como uma imagem confusa num espelho, mas depois veremos face a face. Agora conheço somente em parte, mas depois conhecerei completamente, assim como sou conhecido por Deus. Agora, pois, permanecem a fé, a esperança e o amor. Porém o maior destes é o amor.*

Antes de mais nada, cabe esclarecer que, como ocorre com quase todos os textos bíblicos, este possui também diversas outras traduções. Fiquei com esta, que me pareceu tão boa quanto qualquer outra, pelo menos para ilustrar o raciocínio proposto. A visão que temos aqui é muito semelhante à que foi mostrada no início do livro: o conhecimento, por mais forte que seja, não consegue mudar sozinho uma estrutura; é preciso que aconteçam coisas que mudem a cultura, a visão de mundo, das pessoas. A técnica certa, usada de modo errado, pode ser responsável por grandes tragédias, tanto nas empresas quanto fora delas. E, nesse momento, podemos fazer uma reflexão interessante sobre a evolução da espécie humana. Tenho a impressão de que, por piores que as coisas estejam, as mudanças vão sendo implementadas e o mundo hoje é mais perfeito que há cem ou duzentos anos. Existem os terroristas, a devastação do meio ambiente, a desigualdade social, a violência urbana – vão reclamar logo alguns saudosistas. Embora eles não deixem de ter certa dose de razão, na média, as conquistas do gênero humano foram maiores que as derrotas – pelo menos é essa a minha visão. Indo adiante no raciocínio, eu diria que a turma que atrapalha o desenvolvimento humano pode ser perfeitamente caracterizada através de dois vetores: o medo da mudança e a visão de curto prazo. Um desses dois paradigmas (às vezes ambos) está sempre presente, seja na força que anima os homens--bomba que trucidam inocentes, seja nos ditadores e corruptos (e, por que não, nos ditadores corruptos) que se eternizam no poder, nos industriais inescrupulosos que destroem o meio ambiente e em toda uma gama de cretinos que termina por incluir, em seus níveis mais baixos, até alguns medíocres chefetes de setor em repartições públicas. O coro deles é uníssono: não aceitamos mudanças! Por eles, as mulheres continuarão a usar burcas, a miséria e a ignorância serão eternas, administração participativa é um delírio, nada se fará no mundo sem uma tonelada de procedimentos burocráticos, alternância no poder e democracia não servem para nada. A força principal deles é o medo; e lá venho eu com um poeta, de novo.

> *As transformações / que me fazem ter / um medo enorme /*
> *cada vez que você dorme / e não possa despertar.*
>
> César Costa Filho

A música "Medo", de César Costa Filho, foi uma das mais tocadas nas rádios do Brasil em 1970. Para os mais velhos, não preciso dizer o que era o Brasil de 1970, mas, como tenho a pretensão de atingir um público eclético (digamos, das 15 pessoas que eu estimo que vão ler este livro, espero que umas sete ou oito tenham menos de cinquenta anos), vou explicando que era uma terra de contrastes profundos, com um desenvolvimento econômico acelerado, uma euforia orquestrada que tinha como epicentro a melhor equipe de futebol que este planeta viu (a seleção brasileira de 70), mas que, *on the other hand,* era uma ditadura férrea e muitas vezes sanguinária. Era melhor ou pior do que hoje? Podemos discutir horas sobre o tema sem chegar a boas conclusões, mas, na média, acho que a transição para a democracia, apesar de todos os pesares, teve mais lucros que perdas. Em linguagem de luta de boxe, eu diria que a situação atual ganha da de 70 por pontos (não chega a um nocaute). E o medo? O medo é a força mais negativa que podemos ter.

Não foi por outra coisa que o grande guru da qualidade Willian Edwards Deming colocou, entre os seus 14 princípios para a empresa ideal, um cujo enunciado é "eliminar o medo das empresas". O medo trava toda e qualquer iniciativa de mudanças, por isso os agentes do continuísmo fazem tanta questão de preservá-lo. O medo é irmão da ignorância. E o que caracteriza sempre os grandes líderes é essa capacidade de enxergar a necessidade de mudança, propor a solução e não ter medo de implantá-la – seja em um país, em uma empresa ou em qualquer grupo social. O único problema é que, conforme prova a própria física newtoniana através da lei da inércia, ninguém consegue mudar nada no universo sem encontrar resistência – e, muitas vezes, resistência forte e disposta a tudo. Repito: isso vale desde a implantação de um novo sistema de avaliação de desempenho em uma empresa de pequeno porte até o surgimento de uma nova religião ou forma de governo. Se pensarmos em Jesus Cristo, Mahatma Gandhi, Martin Luther King Jr., só para ficar em três exemplos, temos uma demonstração boa de nossa teoria. E aí vem o detalhe embaraçoso: todos os três morreram de forma violenta. E a pergunta colocada no segundo parágrafo deste capítulo volta: valeu a pena? Acho que não é preciso pensar muito para responder que sim. Sem entrar em mais divagações, acho que a missão de que nos fala Senge tem que ser maior que tudo. Podemos pensar em valores perenes, em vida após a morte, em um monte de coisas, mas a verdade é que temos que acreditar que sempre vale mais a pena ser uma referência positiva do que uma presença negativa.

E aí, como sempre, vem um poeta e fala tudo o que eu tentei dizer de forma mais elegante e objetiva. Pergunta óbvia: você não faria qualquer sacrifício pelos seus filhos? Quero crer que, por maior que seja a crise de valores que assola esse nosso tempo louco, a resposta a esse questionamento será, em sua esmagadora maioria, um "sim" retumbante. E Victor Martins, extraordinário poeta da MPB e muito menos conhecido do que deveria (os poucos que já ouviram falar dele sabem apenas que é o parceiro preferido do Ivan Lins), escreveu, seguramente inspirado pelos anjos do Senhor, a letra de "Aos nossos filhos", que reproduzo a seguir:

> *Perdoem a cara amarrada / Perdoem a falta de abraço / Perdoem a falta de espaço / Os dias eram assim*
>
> *Perdoem por tantos perigos / Perdoem a falta de abrigo / Perdoem a falta de amigos / Os dias eram assim*
>
> *Perdoem a falta de folhas / Perdoem a falta de ar / Perdoem a falta de escolhas / Os dias eram assim*

# 40 • Surfando a Terceira Onda no Gerenciamento de Projetos

*E quando passarem a limpo / E quando cortarem os laços / E quando soltarem os cintos / Façam a festa por mim*

*E quando largarem a mágoa / E quando lavarem a alma / E quando lavarem a água / Lavem os olhos por mim*

*Quando brotarem as flores / Quando crescerem as matas / Quando colherem os frutos / Digam o gosto pra mim...*

Esta música possui uma gravação antológica feita por Elis Regina – minha conterrânea que, infelizmente, muito cedo nos privou do seu talento. É uma das coisas mais lindas que já ouvi. E, como sempre, o poeta tem razão. Mais do que qualquer outra qualidade, os verdadeiros grandes líderes são dotados de desprendimento. A ideia do "líder servidor" só é nova para quem começou agora. E o servidor, por algum motivo, sabe que sua missão é maior que qualquer coisa. Ele, a exemplo dos pais citados na poesia, não faz questão dos frutos; é suficiente que alguém tenha provado e diga o gosto para eles. Nada mais óbvio, e, ao mesmo tempo, nada mais difícil de entender, para quem não tem o hábito de ver mais longe.

Resumindo: precisamos dos líderes muito mais do que eles de nós. E eu acredito que, em algum lugar do universo, a recompensa deles existe. Enfim, acho que este texto ficou esotérico demais para o meu gosto. Não consegui fazer melhor. Paciência.

# 7. Da série "histórias engraçadinhas" – A fábula dos quatro gerentes de projetos (uma mentira bíblica)

Esta é do tempo da criação do mundo. Dizem que Deus não fez tudo sozinho; ficou apenas com a fama, o que é normal nos chefes. No caso da criação dos animais, por exemplo, dizem que Ele terceirizou uma parte do trabalho utilizando uma competente equipe de gerentes de projetos. Um belo dia, tentando aumentar a motivação da turma (acredito que, na época, as práticas de RH ainda eram divinas. Depois, como se sabe, o Diabo andou escrevendo alguns manuais que são usados por muitas empresas até hoje, mas isso é outra história), chamou os quatro melhores gerentes de sua equipe e pediu:

— Façam um animal maravilhoso. Quem fizer o melhor projeto ganhará uma recompensa.

Três dos gerentes eram caras muito legais e gostavam de trabalhar em conjunto. O quarto era um lobo solitário, um verdadeiro predador do mercado (aí alguém pergunta: como é que ele poderia ser comparado a um lobo se os animais ainda não existiam? É isso que se chama "licença poética". Por favor, vamos continuar com a história e não me encha o saco com detalhes).

Os três se reuniram para estudar a situação. Sabiam que, no futuro planeta Terra, haveria três "habitats" naturais: a terra, a água e o ar (pelo menos era isso que estava na base do projeto que o Velho pessoalmente tinha entregado a cada um).

Assim sendo, resolveram dividir as coisas da seguinte forma: cada um desenharia um animal adaptado a um dos ambientes do planeta. Apresentariam os projetos e, na hora, o Chefe decidiria qual era o melhor.

## 42 • Surfando a Terceira Onda no Gerenciamento de Projetos

Na véspera da apresentação final, os três se reuniram para uma prévia. O primeiro gerente (que chamaremos de G1, para facilitar o entendimento dos engenheiros que lerem essa história) trouxe o esboço do melhor animal terrestre possível, o leão. Todos ficaram impressionados com a força, velocidade e coragem deste belo exemplar. Empolgado, G1 profetizou com um ar solene: um dia, ele será chamado de "rei das selvas". Não deu outra.

G2 não ficou atrás e apresentou o protótipo de um fantástico animal alado, a águia. Seu design aerodinâmico era realmente impressionante, o cuidado nos detalhes do bico e das asas chamaram a atenção de todos. Realmente, um belíssimo trabalho.

Cercado por grande expectativa, G3 apresentou o animal mais perfeitamente adaptado aos futuros oceanos, o golfinho. Inteligente, solidário, capaz de comunicar-se quase tão bem quanto os humanos. E, além disso, extremamente ágil e gracioso em seus movimentos. Foi aplaudido entusiasticamente.

Os três trocaram ideias e sugestões e concluíram a reunião com a certeza de que o Velho ficaria muito feliz com os resultados obtidos.

"Ele vai ficar numa sinuca de bico para escolher um dos três", comentou G1 (e aí aparece outro chato com uma nova pergunta: mas tinha sinuca no paraíso? Eu acredito que sim. Sinuca, pingue-pongue, totó, TV a cabo com muitos canais de esporte... afinal, o paraíso, antes de tudo, devia ser um lugar divertido. Acho que Deus só não deixava apostar dinheiro. E provavelmente no frigobar do quarto não tinha bebida alcoólica – no máximo uma cervejinha. Mas, por favor, largue do meu pé senão não tem mais história nenhuma, pô!).

Mas você pensa que o quarto gerente (que chamaremos, por coerência, de G4) estava dormindo? É claro que não!

Ele tinha espiões infiltrados nas outras equipes. Quando recebeu o relatório deles, esfregou as mãos e pensou: "vou fazer um bicho muito melhor que o desses panacas. O meu vai voar, correr e nadar".

Rascunhou seu projeto e botou a equipe para trabalhar. Não perdeu tempo com reuniões de abertura, palestras de motivação, discussão de escopo – tudo isso é frescura! Botou a galera para trabalhar em hora extra, no sábado e domingo, e chicoteou em cima até preparar o seu animal fantástico.

## Causos, causos e mais causos – todos com alguma justificativa • 43

E foi assim que surgiu o pato. Um animal que voa (mais ou menos), nada (feio pra burro) e corre (ridiculamente). Na definição antológica atribuída ao famoso cartola corintiano Vicente Matheus, é um bicho aquático e gramático (ou seja, tanto pode estar na água como na grama).

Na hora da apresentação vocês podem imaginar o que aconteceu. Deus se congratulou com G1, G2 e G3 e considerou os três vencedores (afinal, se o Filho multiplicou os pães, por que o Pai não poderia multiplicar o número de primeiros lugares? Em termos de milagre, esse é muito mais fácil). Como prêmio, aconselhou os três a escreverem livros de autoajuda, com o que ganhariam rios de dinheiro, frequentariam os banquetes da ilha de Caras, viajariam por lugares paradisíacos (sempre na classe executiva) e teriam eternamente a companhia de mulheres maravilhosas (acho que o Céu não deve ser muito melhor que isso, mas talvez existam controvérsias).

Depois, virou-se para o G4 e, com um piedoso olhar de raiva (pelo amor de Deus, não me perguntem como se faz esse olhar; Deus é Deus, pode tudo e acabou), falou com sua voz de Cid Moreira (não sei por quê, mas toda a minha geração acredita que Deus tem a voz do Cid Moreira – talvez um pouco menos impostada):

— Quanto a você, meu filho, pegue seu animal e... bem, digamos, leve-o embora daqui (num primeiro momento eu acredito até que Ele pensou em sugerir algum uso pouco nobre para o coitado do bichinho, mas, felizmente, conseguiu se controlar a tempo e ficou com uma opção mais educada. Afinal, ia pegar muito mal para o Criador do Universo ficar sacaneando os outros em público; mas que deu vontade, lá isso deu).

E completou:

— Seu animal será ridicularizado por toda a eternidade. Seu nome jamais será sinônimo de alguma coisa boa. No futuro, quando quiserem elogiar um ser humano vão compará-lo a uma águia, um leão – e "pato" terá para sempre um sentido pejorativo. Para não dizer que só estou prevendo desgraças, ele pelo menos será o inspirador de uma musiquinha chinfrim, cantada por um baiano esquisito, que vai iniciar um movimento musical chamado bossa nova, mas isso ainda vai demorar muito...

E saiu cantarolando: "o pato vinha cantando alegremente..." (Ele tentava imitar o João Gilberto, mas isso, sabe-se, nem Deus consegue).

Moral (ou morais) da história: trabalho em equipe funciona. Jogue limpo e aberto com os outros. Não tente vencer trapaceando; pode funcionar uma vez, mas não vai longe. E, *last but not least*, lembre-se de uma coisa: "core business" é uma expressão que, além de muito charmosa e capaz de provocar um "frisson" de prazer em alguns executivos, tem um significado muito importante – ninguém pode ser bom em tudo. Leões não voam, águias não nadam, golfinhos não correm pelas pradarias. Você provavelmente é bom em alguma coisa, mas não imagine que pode fazer tudo com perfeição ao mesmo tempo. É coisa de pato.

### Complemento da história anterior: o projeto da galinha

Imagine a situação caótica (afinal, dizem, no princípio era o caos) no último dia antes do fechamento do projeto do planeta Terra. Deus e seus gerentes de projeto correndo, esbaforidos, fechando os últimos detalhes dos bichos e das árvores, do céu e do mar... e aí um dos mais conceituados anjinhos da hierarquia celeste chegou para o Senhor e reclamou do projeto da galinha.

— Imagine só; um animal que só tem um orifício, a tal da cloaca... por ali ela expele os excrementos, perpetua a espécie através dos ovos, se diverte com o galo... isso está errado, Mestre!

Deus coçou suas longas barbas brancas (afinal, o barbeador de lâminas descartáveis só viria muitos milênios depois, portanto me parece natural que o Criador do Universo tivesse longas barbas) e concordou com o anjo. Mas havia um problema:

— Olha, meu filho, você tem toda a razão. Só que hoje é o último dia da criação, amanhã eu vou descansar e o projetista da galinha teve de sair mais cedo para levar a avó dele na musculação (é claro que essa desculpa é ridícula, mas, afinal, até hoje as desculpas são mais ou menos do mesmo nível). Assim sendo, acho que só nos resta deixar a galinha do jeito que está. Mas segunda-feira, bem cedo, você me lembra disso que a gente corrige o projeto.

Resultado final: a galinha ficou do jeito que está até hoje. Moral da história: depois que o projeto saiu, saiu. É assim desde a criação do mundo e vai ser assim até o dia do Apocalipse – se não atrasar, é claro.

# 8. No peito dos desmotivados também bate um coração (ou: como tentar fazer funcionar um sistema de reconhecimento e recompensas)

Muito se fala sobre motivação de equipes, mas pouca gente tem sensibilidade suficiente para entender o assunto em toda a sua profundidade. Mas como o tema é inesgotável, vamos voltar a ele. Sem dúvida, o grande problema a ser resolvido nessa hora é o dilema da competição interna: como fazer com que os sistemas de reconhecimento individual sejam um fator de estímulo, e não de divisão dentro de uma equipe? É claro que essa pergunta não tem uma resposta objetiva, mas podemos analisar alguns aspectos da questão e tentar chegar a algumas conclusões. Em primeiro lugar, o que precisa ser entendido é que, embora não existam dois seres humanos iguais (temos pessoas mais ou menos talentosas, o nível de esforço que cada um consegue dedicar ao trabalho é diferente, etc.), a verdade é que, no fim das contas, precisamos de toda a equipe com motivação suficiente para levar o projeto a cabo com sucesso. Por isso é preciso tratar os diferentes como diferentes, mas sem causar traumas na moral do time. É claro que resolver essa equação pode parecer mais difícil do que escalar o Everest de patins, mas é preciso tentar. Quem sabe uma citaçãozinha, para começar?

> *Não quero que o cabrito morra, nem que a onça passe fome.*
> João Saldanha

Meu brilhante conterrâneo foi um dos maiores conhecedores das manhas de futebol que já pisou neste planeta. Saldanha sabia das coisas e usava a irreverência na medida exata. Na frase citada, ele resumia um dos grandes dilemas da humanidade: como tratar de forma correta os diferentes estilos que formam uma equipe? Na verdade, no seu contexto original, essa frase fazia parte de um comentário dele sobre os clubes de futebol do Brasil. Por mais incrível que possa parecer, o futebol brasileiro já foi muito mais desorganizado do que é hoje. E, na época, João chamava

## 46 • Surfando a Terceira Onda no Gerenciamento de Projetos

a atenção para o fato de que era totalmente ilógico, por exemplo, obrigar um time do tamanho do Flamengo a jogar duas vezes por ano com um adversário pequeno como o Madureira. Ele propunha uma racionalização do calendário, que permitisse ao Flamengo sobreviver como um clube grande, e o Madureira com sua dignidade de pequeno. Infelizmente, pouco se fez em torno disso, e hoje o que temos no Brasil são clubes que eram grandes na penúria e os que eram pequenos em insolvência total, mas não é disso que vamos falar agora. A frase de Saldanha, dentro de sua simples sabedoria, pode ser utilizada para explicar algumas das maiores mazelas da espécie humana. Explicação de duas linhas para o fim do comunismo, por exemplo? Foi a morte, por inanição, das onças. Partiu-se do princípio de que todos os seres humanos eram cabritos, eliminando-se o lado saudável da competitividade – e tudo virou uma mesmice, gerando uma estrutura burocrática colossal, improdutiva e corrupta que engessou os meios de produção e não sobreviveu às mudanças do ambiente externo. Explicação de duas linhas para os problemas do capitalismo selvagem? É que a desregulamentação típica do capitalismo, levada ao extremo, dá espaço demais para as onças – e os cabritinhos se danam. Obviamente, uma sociedade saudável fica mais ou menos no meio termo; as onças (empreendedores) podem prosperar, desde que a competição seja honesta, mas existem formas de proteger os cabritos, e todos vivem felizes. E o que isso tem a ver com equipes de projeto? Muito mais do que se pensa.

Todas as equipes possuem suas onças e cabritos. Já que estamos no assunto (para variar!), times de futebol são um exemplo quase imediato. Existem sempre na equipe aqueles jogadores mais qualificados, que vão decidir o jogo, e os carregadores de piano, encarregados do serviço sujo de tirar a bola dos adversários (e também do serviço mais sujo ainda de dar porrada neles sempre que se tornar necessário). O tratamento deve ser diferenciado? Sim, mas não muito. Descobrir esse ponto de equilíbrio faz a diferença entre times vitoriosos e perdedores. Já que citei João Saldanha, lembrei uma historinha atribuída a outro treinador folclórico do Botafogo – o impagável Gentil Cardoso. Dizem que, um belo dia, o time do Botafogo treinava em General Severiano, sob o comando sempre firme e rigoroso do "professor" (como se diria hoje) Gentil Cardoso. O treino já durava uns 15 minutos quando chega, esbaforido, o lateral-direito Paulistinha – bom jogador, mas seguramente um dos mais fracos tecnicamente do time. Gentil deu-lhe uma bronca exemplar e não aceitou as desculpas de engarrafamento e atraso do ônibus (por mais incrível que possa parecer, há muito pouco tempo atrás jogadores de futebol de primeira linha pegavam ônibus como se fossem meros mortais). Ele proibiu o atleta de treinar e ainda o encaminhou para a diretoria, para que eles decidissem o castigo pelo atraso. Quando Paulistinha ia saindo, murcho, cruzou no caminho com Nilton Santos, seu colega de time e seguramente um dos mais brilhantes jogadores de bola que algum dia pisou um campo de futebol. As más línguas dizem que Santos tinha um aspecto mal dormido e de ressaca, mas isso pode ser só folclore. Só que o até então irredutível Gentil Cardoso dessa vez desmanchou-se em gentilezas:

— Puxa, meu craque! Pensei que não vinha mais! Assim você me mata do coração! Vai logo lá no vestiário, pega o teu material e entra, que o coletivo já vai começar...

Paulistinha, ao ver a diferença de tratamento, revoltou-se:

— Pô, seu Gentil! Ele chegou depois de mim...

O técnico, rápido no gatilho, cortou o papo:

— Meu filho, se ninguém te disse isso até hoje, eu te digo agora: craque é craque!

E mais não disse, nem lhe foi perguntado. Mas acredito que Paulistinha deve ter refletido sobre a diferença entre a bola que Nilton jogava e a dele e deve ter concluído que era muito melhor fazer parte de um grupo daquele nível do que ir tentar ser o melhor do time em um desses Bonsucessos da vida – mesmo que isso custasse um incômodo desse tipo, de vez em quando.

A moral da história, e a justificativa para a frase de Saldanha, é a mesma: pessoas diferenciadas têm que ter tratamentos diferenciados. É melhor para todo mundo. Mas não podemos perder de vista dois pontos:

a) Essa diferença tem que ser positiva para o grupo como um todo. Ou seja, mais uma vez, o bom-senso dos gerentes tem que funcionar. O nível de exigência de um craque é, seguramente, mais alto que o de um jogador comum; mas isso tem um limite. A desigualdade faz parte da própria natureza, mas é preciso haver algum equilíbrio na distribuição das "benesses" de uma vitória, por exemplo.

b) É preciso ter muito discernimento ao definir quem é "craque". O grupo precisa aceitar esse tipo de julgamento, ainda que, em muitos casos, os critérios de diferenciação sejam extremamente subjetivos. No caso de profissões "públicas", como é o caso de cantores ou jogadores de futebol, por exemplo, todos nós temos opinião formada sobre quem é bom ou ruim (embora raramente exista consenso); mesmo assim, na hora de escolher quem é o mais qualificado de um grupo, as opiniões muitas vezes divergem completamente. E é claro que isso vai ficando mais complicado ainda na medida em que lidamos com atividades mais prosaicas (por exemplo: como dizer se um projetista é melhor que outro? Comparar o trabalho de dois programadores?). Mais uma vez não vou tentar achar a fórmula perfeita, mas vou lembrar duas historinhas interessantes que aconteceram comigo.

A primeira ocorreu lá pelo início dos anos 80. Eu estava em um ônibus no aterro do Flamengo, sentado na cadeira em frente à do trocador (que lá no Sul é chamado de cobrador). Do meu lado sentava-se um sujeito que conversava animadamente com ele e – pelo que pude aprender ao longo da conversa – também era trocador, só que de outra empresa. Papo vai, papo vem, lá pelas tantas eles começaram a conversar sobre um terceiro cidadão – amigo comum dos dois. Não lembro o nome do cara, mas vamos dizer que fosse João. Os dois se rasgavam em elogios ao João (coisa que, diga-se, não é muito da nossa cultura. Normalmente, dois brasileiros quando falam de um terceiro que está ausente é para baixar o sarrafo). Lá pelas tantas um deles não se conteve e largou essa: "o João, para mim, é o melhor trocador do Rio de Janeiro!". E o outro concordou, abanando a cabeça significativamente: "pelo menos dos que eu vi, é o melhor".

Eu, que não tinha nada a ver com a história, fiquei pensando com os meus botões: que diabo de critério esses caras estariam usando para fazer uma afirmação dessas? O que leva um trocador a ser tão melhor que os outros? Sinceramente, até hoje não faço a mínima ideia. Mas não há dúvidas de que eles sabiam do que estavam falando.

A segunda história envolve um dos nomes mais polêmicos da música popular brasileira, o baiano João Gilberto. Vou fazer uma confissão: eu não suporto o João Gilberto, jamais comprei um CD dele e não pretendo comprar. Mas existe um detalhe que me chama a atenção: ele é uma unanimidade entre os artistas "de ponta" do Brasil. Ou seja, todos os personagens da MPB que eu considero "craques" – Caetano, Chico Buarque, Milton Nascimento, Maria Bethânia e outros – juram que bom mesmo é o João Gilberto. A minha conclusão é óbvia: ele é bom mesmo, eu é que não entendo nada de música.

E aí aconteceu que, lá pelos idos de 1998, fui incumbido de receber no CENPES um engenheiro francês que estava nos ajudando em um projeto. O cara era uma das maiores autoridades mundiais em materiais para reatores de alta pressão. No primeiro dia, logo depois do almoço, tive a sempre complicada experiência de tentar

# Causos, causos e mais causos – todos com alguma justificativa • 49

achar um assunto de interesse comum para puxar uma conversa informal com um estrangeiro (no caso, com o complicador adicional de que ele era francês e estávamos tentando conversar em inglês – ou seja, os dois em um segundo idioma. Não costuma ser fácil, posso garantir). Pensei no meu assunto único e sempre óbvio: futebol. Afinal, o sujeito era francês, a Copa daquele ano seria realizada na França e começaria em poucos meses. Para minha decepção, *monsieur* Alain (era o nome dele) me disse que não gostava muito de futebol. Mas gostava muito de música: tinha um conjunto com uns amigos, adorava jazz e blues. Aproveitei a brecha e falei sobre os músicos brasileiros – ele gostava muito de Emílio Santiago, Milton Nascimento, tinha assistido a um show da Elis Regina. Comecei a me animar com a conversa, até que ele falou:

— Você está esquecendo o melhor brasileiro de todos...

Juro que comecei a ficar preocupado. Ainda arrisquei Caetano e Chico Buarque antes que ele me desse a resposta definitiva, que eu já estava adivinhando:

— Jean Gilbertô – *he is the best*! – afirmou ele, caprichando no sotaque.

Devo ter ficado com uma cara de bunda, pior do que a que eu tenho habitualmente. Conclusão final: todo mundo que conhece um pouquinho de música, incluindo-se aí até um engenheiro francês que tinha um conjunto de fim-de-semana, sabe que bom é o João Gilberto. E eu sou uma besta. Citando Nelson Rodrigues, eu sou um quadrúpede de 28 patas!

Aplicação disso em gerenciamento de projetos: cuidado com avaliações superficiais ou feitas por pessoas que não estão diretamente envolvidas no trabalho. Se quiser saber quem é o bom trocador, pergunte aos trocadores. E lembre-se de que o processo de avaliação tem que ser contínuo; não se julga um jogador por um jogo.

Já que falei em jogadores e jogo, lá vai mais uma. Toda avaliação é subjetiva (eu sei que isso é óbvio, mas tem gente que esquece). E existem pessoas que têm o dom de causar a impressão certa na hora certa. Enfim, o que eu quero dizer é que todo esse processo de avaliação deve ser encarado com um certo "fair-play". Injustiças vão ocorrer sempre, mas nada pode ser tão dramático assim. E é preciso entender que é melhor um processo de reconhecimento e recompensa com alguns erros do que nada. Utilizando uma linguagem mais coloquial, eu gostaria de citar uma frase fantástica que ouvi em um desses bares da vida, nos tempos em que, em paralelo com o estudo de engenharia, eu fazia o curso (extraoficial, é claro) de sociologia de

## 50 • Surfando a Terceira Onda no Gerenciamento de Projetos

botequim: é preciso admitir que certas pessoas nascem viradas para a lua. Isso é como as marés, as estações do ano, o nascente e o poente: não é para discutir, mas para aceitar. Traduzindo para uma linguagem mais adequada: temos que aceitar como inevitável o fato de que sempre alguém vai se dar bem e alguém vai se dar mal num processo de avaliação. E tem uns caras que nasceram com o dom de se dar bem sempre, e é preciso entender isso como um fato da vida, que deve ser aceito sem maiores discussões.

Dentro do assunto, lembro que, certa vez, pediram a um dos jogadores daquele fantástico time do Flamengo do início dos anos 80 (se não me falha a memória, era exatamente o Zico) que escalasse uma seleção de grandes jogadores com quem ele jogara ao longo de sua vida. E ele colocou o pouco conhecido Lico nesse time. Para quem não se recorda, Lico foi um jogador que veio de Santa Catarina para o Flamengo já próximo de completar trinta anos e participou de algumas das grandes conquistas daquele time. Jogador discreto, mas excelente, Lico só veio a ser reconhecido (e ainda assim muito pouco) no final da carreira, jogando em um time maravilhoso. E era tão bom que chegou a ser considerado, por um colega mais famoso, como digno de figurar em uma seleção dos melhores de todos os tempos.

Recordo a história de Lico porque acabei recebendo uma informação privilegiada a respeito dele em um episódio interessante. Lá pelos anos 80, eu estava passando uns dias de férias na casa de minha sogra, em Florianópolis, e fui chamado pelos meus cunhados para jogar uma pelada – seguida de um churrasco e muita cerveja, é óbvio. E um dos peladeiros era um ex-jogador profissional chamado Ari Prudente (ou seria Ari Clemente? Confesso que não lembro, foi há mais de trinta anos). Bom, independentemente do nome que tivesse, este rapaz, além de jogar muita bola, era um cara simpático e um papo excelente. Conversa vai, cerveja vem, ele começou a falar sobre jogadores e suas carreiras. Devo registrar que, nessa época, Lico ainda estava jogando no Flamengo e, ao mesmo tempo, outro jogador catarinense de repercussão nacional chamado Renato Sá jogava no Botafogo – depois de ter tido marcante passagem pelo Grêmio e outros times grandes. Pois o nosso amigo Ari havia jogado com os dois. E fez uma observação que eu nunca esqueci:

— Olha, o Lico foi o melhor jogador catarinense que eu conheci... talvez só o Zenon tenha sido tão bom quanto ele. Mas o Lico sempre foi o cara mais azarado do mundo. Toda vez que aparecia algum olheiro de time grande para ver um jogo dele alguma coisa de errado acontecia – e ele ia ficando por aqui (nota do autor: estamos falando de um tempo onde não existia TV a cabo, nem internet, e mesmo as competições de nível nacional ainda eram meio embrionárias, de forma que era muito difícil alguém ouvir falar de um jogador que atuava em Santa Catarina). Enquanto isso, com o Renato Sá era exatamente o contrário: era um jogador bom – mas do mesmo nível dele tinha um monte. Mas sempre que era preciso, a bola caia no pé dele, o gol decisivo era dele, enfim, o cara sempre foi predestinado.

Completando a história com mais alguns detalhes: em 1978 o Grêmio quebrou uma série invicta de mais de cinquenta jogos do Botafogo ganhando por 3x0 em pleno Maracanã. Os dois primeiros gols foram de quem? Renato Sá, é claro. Não chega? Pois algum tempo depois foi o Botafogo quem quebrou uma enorme série invicta do Flamengo. O jogo foi 1x0, e não preciso dizer quem foi o autor do gol. Só para você ter uma ideia, no time do Grêmio de 77 o ponta-esquerda era o extraordinário Éder Aleixo – aquele mesmo que foi titular do *dream team* brasileiro na Copa de 82. Aliás, o técnico do Grêmio, na época, também era o mestre Telê Santana. Pois fique sabendo que Renato Sá deixou Éder esquentando o banco de reservas durante um bom tempo. Realmente, o cara quase tinha superpoderes. E, enquanto isso, o nosso bom Lico teve de esperar muito tempo para conseguir algum reconhecimento nacional pelo seu talento – infinitamente superior.

Resultado: demonstramos o nosso teorema. Não adianta reclamar, a vida é assim. "Quem espera sempre alcança", diziam as nossas vovós. Talvez não seja bem isso (uma espera passiva não resolve nada), mas é preciso ter um pouco de paciência em alguns momentos. E não desanimar. E nada como uma boa citação para fechar o artigo:

> *O que mais nos incomoda é ver nossos sonhos frustrados. Mas permanecer no desânimo não ajuda em nada para a concretização destes sonhos. Se ficarmos assim, nem vamos em busca dos nossos sonhos, nem recuperamos o bom humor.*
>
> Dalai Lama

É isso aí. O bônus que não saiu esse ano pode sair no ano que vem. Nem sempre o reconhecimento chega na hora em que esperamos, mas é preciso ir em frente. De preferência com bom humor, como ensina o Dalai Lama. Tenho quase certeza de que Deus não gosta de gente mal-humorada, mas isso talvez seja só uma ideia maluca da minha cabeça.

# 9. Por que me ufano do meu país – uma reflexão sobre o Brasil brasileiro

*Ama com fé e orgulho a terra em que nasceste. Amigo; não verás nenhum país como este*

Olavo Bilac

*Brasil, meu Brasil brasileiro...*

Ary Barroso

*Eu insisto com a tese: o brasileiro é uma nova experiência humana. A diferença de um suíço para um belga ou francês é imperceptível; mas o brasileiro é diferente.*

Nelson Rodrigues, em uma crônica sobre a
Copa do Mundo de 1962

Para o meu país, três citações são até pouco!

Acho que, se este livro se propõe a buscar as respostas para alguns problemas relacionados ao trabalho em grupo, e, além disso, ter uma utilidade para a vida prática, uma breve reflexão sobre a cultura brasileira não deixa de ter interesse. Afinal, já falamos muito sobre a importância dos aspectos culturais em projetos. Vamos então tentar responder à pergunta que não quer calar: por que algumas coisas funcionam lá fora e não aqui? O que o Brasil tem de tão diferente? Quais as adaptações necessárias para que os modelos de sucesso no resto do mundo se apliquem à nossa realidade? Não tenho, é claro, a menor pretensão de conhecer as respostas certas, mas acho que uma reflexão sobre a cultura brasileira pode ajudar a encontrar alguns caminhos.

## Causos, causos e mais causos – todos com alguma justificativa • 53

Analisando as três frases que iniciam este artigo, posso dizer que não conheço o mundo todo, mas acredito que Bilac está certo; não há nenhum país como este. Ary Barroso garante que o Brasil é brasileiro, e acho que essa verdade é bem mais profunda do que possa parecer em um primeiro momento; brasileiro é um adjetivo que significa muito mais que uma nacionalidade. E o nosso grande frasista Nelson Rodrigues completa, com sua sabedoria habitual, a ideia de que não há nada que se compare a este país e esta gente. Para o melhor e para o pior, diga-se.

Não tenho a menor dúvida de que o brasileiro é o melhor e o pior povo do mundo. Nosso talento só pode ser comparado à nossa falta de educação; nossa criatividade só não é maior que nosso medo de mudar; nossa capacidade de criar coisas belas só encontra paralelo em nossa indisciplina. Exemplos práticos? Podemos citar dezenas, mas vamos começar pelo aeroporto.

Podem acreditar: lá fora, no mundo civilizado, as pessoas ficam sentadas, aguardando a chamada do seu voo. Aí vem a funcionária da empresa aérea e repete aquela cantilena tradicional: "chamamos para embarque os passageiros com crianças, com dificuldade de locomoção, os portadores de cartão de fidelidade XPTO, os da primeira classe...". E, acreditem, só quem vai para o embarque são os chamados; os outros ficam sentadinhos, despreocupados, aguardando a sua vez. Depois ela chama os passageiros com assentos marcados nas fileiras mais ao fundo do avião, depois os do meio, os da frente e no fim todo mundo embarca sem traumas nem sustos. No Brasil, as coisas não se passam assim. Por algum motivo, que provavelmente foi incutido no nosso DNA *Brasilis*, nós não acreditamos que o nosso lugar reservado no avião vai ser respeitado. E assim que pressentimos algum sinal de que nosso voo será chamado, corremos para ser o primeiro da fila – ainda que isso custe o embaraço de dar umas discretas cotoveladas em senhoras e crianças. Já conversei com diversos amigos e colegas sobre o assunto, e todos foram unânimes em concordar que é assim mesmo que as coisas ocorrem. Quando pergunto "por quê?" ninguém consegue explicar direito. A verdade é que a única lei geral que é universalmente aceita em nosso país, e é passada de geração a geração, independentemente de classe social, raça ou credo, é esta: eu não confio em nada e em ninguém. O que me leva a mais uma citação:

> *Não acredito que a democracia leve necessariamente ao crescimento. O que um país precisa desenvolver é a disciplina e a confiança.*
>
> Lee Kuan Yew, primeiro-ministro de
> Singapura entre os anos 1965 e 1990

## 54 • Surfando a Terceira Onda no Gerenciamento de Projetos

Acho que chegamos a um ponto importante. Singapura é um país que foi do zero ao infinito em cerca de cinquenta anos, e Mr. Lee Kuan Yew foi uma peça-chave nessa virada toda. A reformulação veio em cima de uma mudança forte de mentalidade, leis rígidas, combate sem tréguas à corrupção e ao crime organizado e, principalmente, um foco muito grande na valorização do estudo e da competitividade. Hoje essa ilhota com pouco mais de cinco milhões de habitantes ocupa os primeiros lugares nos *rankings* mundiais de produtividade, IDH e vários outros. E a frase ajuda muito a entender o Brasil e seus problemas; afinal, temos uma democracia real instalada há quase trinta anos, mas, infelizmente, não fomos capazes ainda de desenvolver um mínimo de disciplina e confiança. Todos os nossos dirigentes são eleitos por sufrágio universal há muito tempo, mas continuamos batendo no peito e dizendo que todos os políticos são canalhas. Sei de gente que fala com orgulho que anula o voto em todas as eleições. Extrapolando esse raciocínio para o dia a dia de nossas empresas, vemos que essa cultura de falta absoluta de confiança nos outros reflete-se em todos os níveis – ninguém gosta de dizer que confia no chefe, que acredita na empresa em que trabalha. A implantação de um sistema de recompensas e bônus no Brasil é sempre especialmente difícil – porque ninguém aceita os resultados. Todo cara que procura seguir os sistemas da empresa é malvisto, todo sujeito contemplado com algum tipo de recompensa é automaticamente rotulado de "baba-ovo", e assim nós vamos vivendo.

Explicar o porquê dessa situação exigiria conhecimentos de que não disponho; sou apenas um observador da realidade. De qualquer forma, na busca por uma explicação pelo menos razoável, peço licença para empurrar goela abaixo de vocês mais duas citações, que me parecem extremamente esclarecedoras:

> *O brasileiro perdoa qualquer coisa, menos o sucesso.*
>
> Tom Jobim

> *O brasileiro é o Narciso às avessas; se puder, ele cospe na própria imagem.*
>
> Nelson Rodrigues

A frase do grande maestro carioca é perfeita: não perdoamos o sucesso pelo simples motivo de que não acreditamos que o sucesso possa ser obtido através do trabalho duro. Preferimos sempre imaginar que o sujeito se deu bem porque aplicou um golpe ou porque fez as concessões certas para as pessoas certas, ou qualquer outra teoria mais ou menos conspiratória. E a frase de Nelson Rodrigues – sempre ele – sintetiza o que talvez seja o nosso grande problema: não confiamos em ninguém porque temos uma baixa autoestima. O passatempo do brasileiro é falar mal do brasileiro; duvido que esse tipo de comportamento encontre paralelo em muitos outros países. Afinal, é fácil entender que o mundo é feito de espelhos, conforme nos ensina a célebre fábula oriental: o que vemos no outro é o nosso reflexo. E sempre que um brasileiro se destaca na cena mundial, em qualquer área, a primeira coisa que a gente faz é tentar achar algum podre na vida dele. Porque nós mesmos não aceitamos que um brasileiro seja bom (c.q.d.). Vá entender...

E, obviamente, a partir do momento em que não temos confiança, não podemos desenvolver a disciplina. Porque uma coisa está intrinsecamente ligada à outra. É claro que sempre se arranja uma desculpa para tudo, e a nossa é de que o brasileiro é "criativo" e que a disciplina seria um fator inibidor dessa criatividade. Um sujeito criativo precisa de liberdade, é o que dizem. E a disciplina é castradora. Para contestar esse argumento falacioso, quem sabe mais uma citação?

> *Meu amor, disciplina é liberdade, compaixão é fortaleza, ter bondade é ter coragem.*
>
> Renato Russo, em "Há tempos"

Vindo de quem vem – afinal, se temos um exemplo mais ou menos recente de gênio rebelde na música brasileira este é Renato Russo –, a frase pode até surpreender. Mas eu gostaria de ir um pouco mais fundo nesse raciocínio. Falamos anteriormente em criatividade. Uma das melhores observações que ouvi sobre os lados bom e mau da criatividade veio em uma palestra do conhecido consultor Valderez Ludwig. Ele dizia que a diferença entre o criativo e o inovador era muito simples: o criativo era pobre e o inovador, rico. Apesar da simplificação proposital, o recado nas entrelinhas era no sentido de que o sujeito que leva o rótulo de criativo normalmente é rebelde, diferente, indisciplinado – e acaba realizando muito menos do que sua capacidade. Por outro lado, o inovador também é criativo, mas junta a essa qualidade a disciplina, o foco no resultado, a organização de trabalho. E lá venho eu de novo com exemplos futebolísticos. Na interminável discussão de botequim entre os fãs de futebol com idade superior a sessenta anos sobre quem foi o melhor entre Pelé e Garrincha, por exemplo, um aspecto fica claro: Garrincha era um poeta do futebol, nunca procurou se aperfeiçoar, não tinha o menor foco no resultado e muito menos pensava em termos de equipe, enfim, nunca foi o que se poderia chamar de um profissional do futebol. Por um lado, isso era até bom – ele nunca se sentiu pressionado pelas circunstâncias de um jogo importante, por exemplo –, mas a verdade é que o resultado final foi muito triste, e o gênio acabou perdendo a luta contra o alcoolismo, morrendo pobre e abandonado antes dos cinquenta anos.

Pelé, em termos de talento para o jogo, provavelmente tinha menos que Garrincha; mas foi um sujeito capaz de buscar sempre os melhores caminhos para o seu desenvolvimento. Pelé era fixado nos resultados – por isso fez mais gols e ganhou mais títulos que qualquer outro. Comparação semelhante pode ser feita entre Pelé e Maradona – em termos de habilidade, o argentino foi imbatível. Mas faltou-lhe a disciplina para exercer seu talento inato a um nível ainda mais alto. E, fechando o raciocínio, sabemos que Pelé, o vencedor, o rei do futebol, só não é uma unanimidade onde mesmo? No Brasil, é claro. Já para Garrincha, o que sofreu e morreu na miséria, não existe qualquer tipo de restrição (depois de morto, é claro; quando vivo e no auge do sucesso, foi execrado por um caso extraconjugal com a cantora Elza Soares, que está por aí até hoje e pode confirmar a história toda). Resumindo: o brasileiro só aceita que outro brasileiro é bom em homenagem póstuma. Citando Nelson Rodrigues mais uma vez, a grande maneira de melhorar a sua reputação, meu amigo, é morrendo. Não existe canalha morto. Realmente, Nelson Rodrigues entendeu a alma brasileira como ninguém...

Retomando o raciocínio anterior, o que é preciso entender é que o talento não diminui em um ambiente disciplinado – ao contrário, pode ser direcionado para a obtenção de resultados. A diferença é a vontade de fazer, é a crença no trabalho como um valor importante a ser preservado. E já que falamos da importância das crenças e dos valores, nada melhor que escorar a nossa argumentação com um Prêmio Nobel de Economia – e ainda por cima americano, para dar mais credibilidade:

> *As instituições moldadas por crenças passadas estreitam as opções presentes, resultando em processos de desintegração de uma sociedade que não consegue superar a rigidez das crenças errôneas, impedindo as necessárias mudanças. A matriz institucional define as oportunidades, sejam as que premiam as atividades produtivas, sejam as que premiam as atividades de transferência de renda. Os pesos relativos são fatores cruciais no desempenho econômico da sociedade, e os investimentos em habilitações, talentos e conhecimentos também refletirão essa estrutura de incentivos. Se as maiores taxas de retorno em uma sociedade são para a pirataria, os investimentos estarão na formação de melhores piratas.*
> Douglass North, prêmio Nobel de economia de 1993

Não sei se North estava falando especificamente do Brasil, mas esses conceitos se encaixam com perfeição na nossa realidade. Se é a pirataria que dá retorno, a sociedade vai investir na formação dos melhores piratas. Mais que isso; se a pirataria é socialmente aceita e até glorificada, o sonho de todo o garoto é ser pirata. A sociedade brasileira não somente aprova, como também parece sentir uma atração irresistível pelos grandes canalhas. E a explicação é bastante simples: já que não acreditamos que o jogo é limpo, então precisamos de canalhas ao nosso lado para enfrentar os canalhas do lado de lá.

**Subitem: então o Brasil não tem jeito?**

Citando mais uma vez a minha sábia avó, lá de Santa Maria, tudo nessa vida tem jeito, com exceção da morte. Talvez a melhor definição da vida do brasileiro nos venha de mais um poeta genial, que, por pura falta de oportunidade, eu ainda não havia citado antes:

> *Acreditar / na existência dourada do sol / mesmo que em plena fronte nos bata o açoite contínuo da noite*
> Aldir Blanc, em "O cavaleiro e os moinhos"

O grande poeta vascaíno captou, nessa inspirada frase, todo o sofrimento calado de uma geração que viveu a época da mordaça. Ser brasileiro é acreditar; e o mais incrível é que, apesar de todo o nosso pessimismo e falta de autoestima, algumas coisas melhoram neste país.

Nossa democracia hoje é irreversível (embora alguns mal informados ainda chorem de saudades da ditadura militar), e o trabalho da Polícia Federal e do sistema judiciário, investigando e colocando na cadeia pessoas que até há poucos anos eram consideradas "inatingíveis", nos proporcionou, provavelmente pela primeira vez em toda a história, a possibilidade de um rompimento forte com essa centenária cultura do "jeitinho" e da impunidade. E agora só quem pode decidir se este será um processo com final feliz somos nós mesmos. Está na hora de o brasileiro, finalmente, aprender a conviver com o brasileiro. E isso não é um jogo de palavras, conforme vou demonstrar a seguir.

Afinal, por que o brasileiro tem tanta desconfiança? Por que é tão egoísta? Tentando achar uma resposta, devo inicialmente apresentar minhas credenciais para tal empreitada. Gosto de dizer que fui um bem-conceituado sociólogo de botequim, nos meus já longínquos tempos de boemia, mas gostaria de acrescentar que, além desse título, tenho também o de psicólogo de banheiro de faculdade. A coisa funcionava assim: quando a natureza me obrigava a passar alguns momentos de pura

## 58 • Surfando a Terceira Onda no Gerenciamento de Projetos

reflexão na "casinha", eu aproveitava aqueles instantes de relaxamento para observar os grafites que adornavam portas e paredes – e ficava imaginando como seria a cabeça dos sujeitos que escreviam aquele tipo de besteira. Desenvolvi interessantes teses sobre o assunto. No caso do brasileiro, meu diagnóstico é que somos possivelmente o único povo do mundo que tem um "alterego" – que também se chama brasileiro. Ou seja, quando um brasileiro diz que o brasileiro não tem jeito, que o brasileiro é ladrão, safado e preguiçoso, ele está falando do outro – dessa estranha entidade chamada "brasileiro", responsável por todas as mazelas deste país, mas que, na verdade, não é representado por nenhum de nós – os brasileiros honestos, competentes, trabalhadores. Talvez se, em vez de deitar eternamente em berço esplêndido, como sugere o Hino Nacional, o Brasil preferisse o divã do psiquiatra, já poderia ter tido um diagnóstico definitivo e um princípio de cura para essa esquizofrenia. Talvez, mais do que esquizofrênicos, sejamos autopunitivos; o problema do brasileiro é sentir-se culpado por ter um país maravilhoso, com uma integração racial poucas vezes vista no mundo, um clima agradável, quase a salvo de tragédias naturais, enfim, uma bênção rara do Criador. E aí a gente tem que arranjar um jeito de sofrer. Mais um poeta?

*Se eu deixar de sofrer, como é que vai ser, para me acostumar.*
Batatinha, poeta baiano

Tinha que ser poeta, tinha que ser baiano. Talvez esse verso seja a síntese da alma brasileira: todo ser humano tem que sofrer. Nós não temos invernos rigorosos, não temos terremotos, temos uma terra em que se plantando tudo dá – que tédio horrível! Aí nós criamos esse ser abjeto, esse inimigo natural do país, o brasileiro que habita o nosso pesadelo constante, que vai vir à noite para roubar nossas flores, queimar nossas mulheres e estuprar o nosso gado. E contra ele somos absolutamente impotentes. Daí a constatação do grande escritor Lima Barreto: o Brasil não tem povo, tem plateia. É essa plateia que vota nos caras errados, propositalmente, para poder se queixar depois e dizer que isso que está aí não tem jeito mesmo. Fechando o raciocínio com o caso do aeroporto: a desculpa mais convincente, do ponto de vista técnico, que alguém conseguiu me dar para o nosso comportamento malcriado na fila do embarque do voo foi a de que, no Brasil, ninguém respeita o limite de bagagem de mão. Os compartimentos rapidamente ficam cheios, e isso acaba causando problemas para quem embarca por último. Veja só: o mesmo sujeito que, no Brasil, é capaz de abrir caminho na base da cotovelada entre velhinhos, crianças e deficientes físicos para entrar no avião em primeiro lugar lá fora se porta como um cordeirinho. E a desculpa é a esquizofrenia; é porque aqui o avião tem um monte de brasileiros, aqueles seres horríveis e mal-educados, e lá fora todo mundo é decente. Então, já que estamos na selva, vamos escolher logo o papel de predadores. É claro que não vou perder meu tempo dizendo que se todo mundo resolvesse se comportar direito o Brasil seria tão civilizado quanto qualquer outro lugar; ninguém acredita mesmo. O paradigma do "brasileiro malvado" é muito mais forte que qualquer raciocínio lógico. No nosso mundinho de gerenciamento de projetos é exatamente a mesma coisa: é contra a nossa natureza aceitar os valores da empresa, acreditar nos sistemas e procedimentos, pensar que seremos recompensados com justiça em função da qualidade do nosso trabalho – isso só vale "lá fora", naquele nirvana habitado por seres altamente civilizados que atendem pelo nome de americanos, europeus ou japoneses. No Brasil isso não existe. É claro que as coisas estão mudando, mas, se a gente quisesse, mudariam muito mais rápido e mais fácil. Mas o "brasileiro malvado" é muito mais forte e não deixa as mudanças acontecerem.

Resumindo: o Brasil tem jeito. Só precisa de um bom psiquiatra. De preferência estrangeiro e cobrando em dólar.

# 10. Os neuróticos e sua capacidade de destruição

Este texto surgiu como uma espécie de homenagem a um dos mais competentes consultores deste país, o mineiro Geraldo Eustáquio, que ministrou vários seminários para a equipe onde eu trabalhava durante certa época na Petrobras. Cabe lembrar, apenas como curiosidade, que ele andou causando um choque em algumas cabeças menos preparadas quando recentemente assumiu uma personalidade feminina e passou a ser conhecido como Letícia Lanz. Vi na televisão uma entrevista dele (ou dela, sei lá, isso é o que menos importa) e pude ver, com alegria, que continua a mesma pessoa sábia e muito bem-humorada que eu conheci; mudou apenas a aparência. Entre diversas outras "pérolas", lembro um causo que contou sobre a definição do que seria um neurótico.

Dizia ele que, para saber a diferença entre o homem normal, o louco e o neurótico existia um procedimento extremamente simples: bastava perguntar quanto é dois mais dois. O homem normal diz "quatro" e vai em frente. O louco pode responder qualquer coisa: cinco, trinta e dois, sabe-se lá. Mas o neurótico faz um ar triste, suspira e, depois de um intervalo teatral, diz algo do tipo: "dois mais dois são quatro – mas você não sabe como isso me dói!". Poucas vezes na vida ouvi alguma coisa mais verdadeira. Conheço pessoas que conseguem ver dificuldades, perseguição, injustiça, em coisas absolutamente banais. Uma vez ouvi uma amiga, mais ou menos da minha faixa etária (uns quarenta e poucos, na época), dizer, compungida: "eu não consigo aceitar o fato de que meus filhos cresceram!". Tive vontade de fazer uma piadinha malcriada na hora (algo do tipo "pelo seu raciocínio, se os seus filhos fossem anões você seria muito mais feliz!"), mas, felizmente, me segurei a tempo – neuróticos normalmente não têm o menor senso de humor.

## Causos, causos e mais causos – todos com alguma justificativa • 61

O fato é este: neuróticos são perigosos justamente por essa capacidade de complicar as coisas mais óbvias e banais. No mundo do gerenciamento de projetos esses tipos são aqueles que atrasam qualquer tipo de tarefa. Sempre digo que, para trabalhar em projetos, é preciso, antes de tudo, espírito esportivo (para quem prefere em inglês, "fair-play"); temos que aceitar que mudanças na base do projeto vão acontecer, que falhas e atrasos nas tarefas são coisas aceitáveis, que algumas derrotas de vez em quando fazem parte do jogo e ninguém vai morrer por isso. O neurótico não tem equilíbrio para lidar com essas coisas. Exemplificando com uma situação banal, que pode acontecer (e acontece) no dia a dia de trabalho de qualquer um de nós: o projeto vem rodando "redondo", cronograma razoavelmente em dia, moral da tropa estável, "deliverables" sendo entregues mais ou menos direitinho. E aí, numa bela manhã de sol, um representante da alta gerência da empresa chama a gente para uma conversa e conta que ele e o cliente decidiram introduzir um monte de modificações na base de projeto, que vamos ter algum retrabalho, mas a avaliação já foi feita e a mudança é interessante para o negócio como um todo. Comunicar um fato desses para a equipe é muito chato em qualquer circunstância, mas comunicar para os neuróticos do time pode se tornar uma verdadeira tragédia grega. Uma equipe de pessoas normais chia, reclama, mas acaba retomando o trabalho. Já o neurótico olha para você e diz algo do tipo: "já sei quem mandou mudar. Foi aquele veadinho da área financeira, não foi?" E, sem dar tempo para qualquer reação, inicia uma longa digressão que inclui detalhes escabrosos sobre a vida sexual de cada um dos principais gerentes da empresa, o número de vezes que ele já foi sacaneado por esse bando de cretinos, de como essa empresa já foi mais séria, dos dias em que ele ficou trabalhando depois da hora para satisfazer essas babaquices e sabe-se lá mais o quê. Aliás, aproveito a ocasião para dar mais uma dica para identificar os neuróticos de sua equipe: eles adoram falar deles mesmos. O neurótico costuma ser doentiamente egoísta. Assim, a impressão que fica é que todo o universo se juntou para conspirar contra ele – o que significa que ele se julga importante o suficiente para isso (mais uma vez: isso é psicologia de banheiro de faculdade. O que não me impede de ter razão de vez em quando). Enfim, todas as modificações de projeto foram feitas com o único objetivo de tornar a vida dele mais infeliz. E todos nós devemos ter pena dele. E não me venha com soluções para o problema; o neurótico odeia soluções. Ele precisa é mostrar que todos são culpados pela desgraça que é a vida dele. O resultado final de tudo isso é que o retrabalho demora muito mais e tudo é feito dolorosamente. Juntando um raciocínio no outro, chega-se na mesma falta de confiança (e de autoconfiança) que citamos no artigo sobre o Brasil brasileiro. Neuróticos adoram mostrar que estão sofrendo e que a culpa é dos outros. E odeiam soluções. Igualando essa frase com o fechamento do texto anterior, chegamos ao resultado final da equação: o brasileiro

## 62 • Surfando a Terceira Onda no Gerenciamento de Projetos

é neurótico, autodestrutivo e não quer soluções para o seu problema. Acho que vou apresentar essa tese no dia em que for criado o curso de pós-graduação em psicologia de banheiro.

Fechando todo o raciocínio em uma linha, podemos adaptar a famosa frase do velho e bom Monteiro Lobato (nossa, eu ainda não havia citado ele, que falha!) sobre a saúva: ou o Brasil acaba com a neurose ou a neurose acaba com o Brasil.

# 11. Quer saber se o gerente de projetos deve ser especialista ou técnico? Pergunte pra Dona Lili...

Uma das pessoas mais bacanas que conheci na minha vida profissional chamava-
-se Eliane, mas era conhecida por todo mundo como Lili (ou Dona Lili, para os mais
formais, como era o meu caso). Lili servia o café para o pessoal da Engenharia Bási-
ca do CENPES/Petrobras, e, durante muitos anos, tive o privilégio de conviver com
ela. Dona de um bom humor contagiante, era capaz de tornar a hora do café um
momento de muita alegria, mesmo quando o clima na empresa era pesado e estressante. Lili nos deixou de forma muito triste (foi atropelada atravessando a rua
para pegar o ônibus para o trabalho, em 2010, se não me falha a memória), mas seu
bom humor era tão forte que toda vez que a gente conversava sobre ela acabáva-
mos esquecendo a tristeza e caindo na risada com as lembranças de suas sacadas
incríveis. E hoje pensei em uma delas.

Assim como o Brasil, a Petrobras sempre oscilou entre momentos de euforia e de
depressão. O prédio do CENPES (para quem não conhece, fica na Ilha do Fundão, no
Rio de Janeiro) era um bom exemplo disso. Construído em pleno "milagre econômico" dos militares, no início dos anos 1970, tinha um projeto arquitetônico sofistica-
díssimo, onde, seguramente, não se pensou em economizar em momento algum.
Pois o milagre acabou, o dinheiro também (mais ou menos como ocorreu agora
com o "milagre" dos populistas), e passamos a viver tempos de vacas magérrimas.
Nesse cenário, houve necessidade de abrigar novos funcionários no CENPES, e a
solução encontrada foi construir barracões de madeira, totalmente dissonantes do
luxo presente no prédio original.

Minha sala, na época, ficava de frente para um desses barracões. E fui testemunha
ocular de que, às vésperas da inauguração, um dos barracões pura e simplesmente
entortou. Não sei se erraram nas fundações, mas o fato é que uma das pontas do

barracão ficou visivelmente mais baixa que a outra. Obviamente tiveram que refazer a obra, e todo o projeto ficou atrasado.

O assunto dominava as nossas conversas, e Dona Lili não podia ficar de fora dessa. Um dia, servindo o café, ela olhou sério para a minha cara e falou: "seu Hervé (ela sempre me chamou de seu Hervé), o senhor sabe por que esse barracão saiu errado?". Abanei a cabeça negativamente. Ela respondeu, quase falando sério: "é porque aqui no CENPES só tem Doutor. E Doutor não sabe fazer barraco; deviam ter ido ali na favela contratar um daqueles mestres de obra que ficam se encachaçando nos botecos. Eles iam fazer um barraco muito melhor que esse!". E explodiu na sua risada contagiante.

Poucas vezes na vida ouvi frase tão sábia. E faço questão de usar o exemplo até hoje em meus cursos sobre gerenciamento de projetos. Para quem não entendeu direito, explico que uma das primeiras coisas que deve ficar clara em um projeto é qual o nível de sofisticação e complexidade que o cliente exige (que, obviamente, é diretamente proporcional ao que ele pode pagar). Não adianta colocar um engenheiro com pós-graduação e/ou certificado PMP para gerenciar a construção de um barraco; provavelmente, vai dar tudo errado. Da mesma forma que o mestre de obras que faz ponto no boteco não pode gerenciar a construção de um shopping center, por exemplo (na verdade, ele pode ser abstêmio e fazer ponto na igreja que não vai mudar a situação).

A querida e saudosa Lili não sabe, mas até hoje sou agradecido a ela por ter me ensinado uma lição valiosa na hora de tentar discutir uma das questões que considero fundamentais no gerenciamento de projetos: o quanto o gerente deve conhecer sobre a tecnologia envolvida no projeto. A primeira resposta é exatamente essa: depende muito do nível de sofisticação do projeto. As restantes vamos discutir a partir de agora.

Tentando ser bem didático, vamos partir do modelo ETO (Estratégico, Tático, Operacional), presente em todas as empresas. É sabido que, quanto mais nos afastamos do nível Operacional, menos o profissional precisa entender os aspectos técnicos do trabalho. Dessa forma, é muito comum vermos altos executivos mudando de empresas de alimentos para varejistas ou petroleiras; eles estão em um nível totalmente Estratégico (E), onde entender a parte técnica não é importante (para isso existem os assessores).

O problema é que o gerente de projetos normalmente se situa entre o nível Tático (T) e o Operacional (O). Nesse nível o sujeito não consegue exercer a liderança sobre a equipe se não tiver um mínimo de conhecimento técnico.

Vou exemplificar contando outro "causo" que ocorreu comigo. Logo após a minha certificação como PMP, no início dos anos 2000, alguns colegas da Petrobras acreditaram que eu tinha adquirido superpoderes e resolveram me colocar para gerenciar um projeto para a área de Exploração e Produção. Detalhe importante: eu trabalhava na área de Refino havia mais de vinte anos na época. Na primeira reunião do projeto, eu pura e simplesmente não consegui entender nada do que foi discutido. E olha que era um projeto de engenharia dentro da Petrobras – e eu era um engenheiro da Petrobras com capacitação em gerenciamento de projetos! Só que não conhecia sequer o básico para conversar com um especialista da área *offshore*. Logo após a reunião inicial eu, disfarçadamente, pedi para sair (ninguém ia respeitar um gerente de projetos que ficava numa reunião com cara de babaca, sem entender nada de nada) e sugeri que indicassem alguém com experiência na área. Posso dizer que funcionou muito bem.

É claro que, no caso, estamos falando de um projeto com um nível de sofisticação extremamente alto; não é qualquer um que entende o suficiente de tecnologia de plataformas de petróleo para dialogar com especialistas da área para definir o projeto de exploração de um campo novo *offshore*. E aí vem o segundo perigo: a ideia de que devemos colocar como gerente de projetos o cara que mais entende da tecnologia. Que, muitas vezes, pode se revelar completamente inadequado na hora de lidar com os clientes e a equipe, por exemplo.

Um exemplo histórico sempre citado é o do Projeto Manhattan (para quem não sabe, é o projeto da bomba atômica). Contando a história de forma bem resumida, os americanos queriam ter a bomba pronta o mais rapidamente possível porque entendiam que só um artefato desse nível seria suficiente para fazer com que os teimosos japoneses finalmente assinassem a sua rendição. Sob o ponto de vista moral a coisa pode ser altamente discutível, mas essa discussão não faz parte do nosso escopo. O fato é que o trabalho todo era liderado por J. Robert Oppenheimer, um gênio da física, mas que não tinha o menor cacoete para gestão de projetos e não ligava a mínima para as exigências do cronograma. Em um determinado momento, foi nomeado gerente do projeto o General Leslie Groves, ficando Oppenheimer apenas como líder da equipe técnica. As coisas começaram a andar e em 06 de agosto de 1945 a primeira bomba atômica foi jogada sobre Hiroshima, cumprindo o cronograma estabelecido. Um projeto de sucesso. Sem comentários.

## 66 • Surfando a Terceira Onda no Gerenciamento de Projetos

Resumindo o assunto, em princípio é muito difícil alguém gerenciar um projeto razoavelmente sofisticado se for totalmente "cego" com relação ao conhecimento específico envolvido, mas, por outro lado, é preciso tomar muito cuidado quando se pensa em colocar na função de gerente o cara que mais entende da tecnologia, mas não tem perfil nem conhecimento sobre gestão de projetos. Colocar um especialista técnico para gerenciar projetos costuma ser uma fórmula perfeita para atingir o fracasso porque ele certamente vai querer meter o bedelho nas discussões técnicas, o que não é sua função, e acaba não fazendo bem nem uma coisa nem outra. Mais uma vez deve prevalecer o bom-senso – já ouvi até um número que fala em "70% gerencial e 30% técnico" (como se fosse possível dividir um ser humano). Enfim, não existe uma regra fixa, mas o certo é que é preciso entender que os dois vetores são necessários. E cada projeto é um projeto.

# PARTE III.
# Artigos mais recentes publicados no blog

# 1. A vida não está fácil para os gerentes de projetos no Brasil. Mas isso pode mudar...

(01 ago. 2015)

Começo essa reflexão contando um "causo" que ouvi há mais de vinte anos em uma mesa de bar depois de muitos chopes – e que, portanto, pode ser pura fantasia. Quem contou foi um colega, já então aposentado da Petrobras, e que tinha sido assistente de um diretor da empresa lá pelo final dos anos 80, na época do governo Sarney. Pois o tal diretor, ao final de um dia particularmente estressante, teria dito algo do tipo: "eu sou diretor da maior empresa da América Latina, mas não tenho poder nem para sugerir mudanças no preço do meu produto, não posso dar bônus para um bom funcionário nem demitir ninguém, nem mexer na carteira de projetos... afinal, o que eu estou fazendo aqui?". E pediu as contas no dia seguinte.

Verdadeira ou não, essa história mostra uma realidade tipicamente brasileira: somos a terra do "manda quem pode, obedece quem tem juízo". Essa cultura, quando aplicada ao mundo do gerenciamento de projetos, causa danos irreparáveis.

Sempre procuro transmitir aos meus alunos que, muito mais do que aprender técnicas e ferramentas, para que toda essa formação apresente resultados e ganhe credibilidade é necessário trabalhar para que se crie no Brasil uma cultura de gerenciamento de projetos. E essa cultura é, em sua essência, altamente democrática, ou seja: todos devem ser ouvidos na fase de planejamento, para que tenhamos metas factíveis e equipe comprometida com o resultado. Funciona assim no mundo todo.

A dicotomia entre essas boas práticas aprendidas nos cursos e a dura realidade do dia a dia talvez seja a melhor explicação para a situação anômala que vivemos no Brasil de hoje: temos muitos cursos de MBA e pós-graduação na área, centenas de

## 70 • Surfando a Terceira Onda no Gerenciamento de Projetos

profissionais especializados entram no mercado todo ano, o número de certificados PMP cresceu exponencialmente, mas, ao contrário do que era de se esperar, toda essa qualificação de mão de obra não se refletiu em resultados, e nossos projetos vão de mal a pior – atrasos colossais, prazos estourados, mudanças totalmente sem controle...

Por que isso acontece? Na minha visão, o problema é que o nosso sistema de tomada de decisões é o mesmo desde as capitanias hereditárias; o grande senhor da terra dá as ordens e os vassalos se viram para tentar cumprir o que, na maioria das vezes, todos sabem que é impossível. Existe uma clara divisão entre a casta superior, que define os objetivos do projeto sem consultar ninguém, e os subordinados, incluindo aí o pobre do gerente do projeto, que ou aceita trabalhar assim ou vai arrumar outro jeito de ganhar a vida. E quando tudo dá errado porque foi mal planejado (ou, como eu prefiro dizer, foi cuidadosamente planejado para dar errado) quem leva a fama de incompetente é o gerente do projeto e sua equipe.

As recentes investigações sobre os conchavos entre governantes e grandes empreiteiros mostraram claramente que o sucesso de um empresário no Brasil depende muito pouco de sua eficiência ou produtividade; vale mais ter amigos influentes e subornar as pessoas certas. Nesse tipo de cenário, não há espaço para que o gerente de projetos mostre sua competência, uma vez que os contratos já nascem viciados, prazos e orçamentos são obras de ficção, escopos são mal definidos... a única coisa que resta ao GP é apagar incêndios e preparar belas apresentações de PowerPoint para fingir que está tudo bem, enquanto espera a hora em que a bomba vai explodir. Não é para isso que o sujeito se especializa na área, entendo eu.

Acredito que o grande benefício que a "Lava-jato" pode trazer para os futuros projetos brasileiros é deixar claro o quanto esse modelo é prejudicial para todo mundo – sim, porque projetos mal planejados acabam com a economia de um país, conforme estamos sentindo na pele. A solução, simples, é adotar um modelo baseado na meritocracia, conforme funciona em todo o mundo civilizado, trazendo para a liderança das estatais, que ainda são o principal motor deste país, gerentes escolhidos por sua competência (e não apadrinhados), que tenham liberdade para decidir sobre projetos e contratos (e sejam cobrados por isso, é claro). Isso fará com que se destaquem as empresas verdadeiramente competitivas, preocupadas em firmar e cumprir compromissos de prazos, custos, qualidade e escopo.

Esse pode ser o momento histórico para que se proponha uma profunda mudança de "modus operandi" e de paradigmas. Para que nunca mais um alto gerente da Petrobras passe pela situação contada pelo meu amigo (e que demonstra claramente que a interferência nefasta do governo sobre a empresa não é uma doença recente. Particularmente, acho que a diferença é que o populismo dos dois últimos governos extrapolou todos os limites do bom-senso, levando a empresa a uma situação de quase insolvência com o único objetivo de se manter no poder. Opinião de quem trabalhou lá de 1976 até 2014. Quem quiser discordar, fique à vontade. Fecho o parêntese).

Resumindo, acho que podemos sair dessa confusão muito mais fortes e chegar, em um prazo não muito longo, a um Brasil eficiente, onde gestores públicos, empresários e trabalhadores estejam alinhados e comprometidos com os resultados. Esse é o cenário perfeito para que os bons gerentes de projetos façam o seu trabalho e apliquem na prática os conhecimentos que adquiriram, numa relação que é positiva para todos. Pode ser que seja só um sonho, mas eu prefiro acreditar. Mesmo porque, se a gente não acreditar, aí mesmo é que não acontece nada.

# 2. No fundo, somos todos canalhas. E gostamos disso!

(01 dez. 2015)

O campeonato brasileiro de futebol chega à sua última rodada e nos apresenta uma situação que não é inédita, mas faz pensar. O Vasco, presidido pelo neandertal Eurico Miranda, depende do resultado do jogo do Fluminense para não cair. E justamente pelo comportamento troglodita do citado diretor, vejo vários amigos tricolores cogitando a "entrega" do jogo para o Figueirense, o que seria a pá de cal para as pretensões do Vasco de permanecer na série A.

Veja bem, ninguém está falando que o time, por já não disputar nada, vai jogar desmotivado e, provavelmente, desfalcado; o papo é "entregar o jogo". E depois curtir, feliz, com a desgraça dos cruzmaltinos.

Essa proposta ajuda muito a entender os valores e crenças brasileiros e, por tabela, explicar o nosso alto índice de corrupção e falcatruas. Afinal, se analisarmos sob o ponto de vista de negócio, é muito melhor para os tricolores ter o Vasco na série A do que o Figueirense; são dois clássicos garantidos em 2016 e uma viagem a menos, é só fazer as contas. O próprio futebol do Rio se fortalece na hora de reivindicar alguma coisa. Além disso, esse tipo de atitude acaba por desvalorizar o futebol como um todo; quem quer assistir a um jogo de cartas marcadas?

Mas o mais importante é o aspecto ético e moral. Afinal, se o torcedor do Fluminense considera que entregar um jogo é coisa normal, então não pode reclamar das safadezas e falcatruas de políticos e empresários. E o mesmo se aplica a torcedores de outros clubes (inclusive o meu Grêmio, que fez coisa parecida no jogo com o Flamengo em 2009).

Resumindo: se a gente apoia esse tipo de sacanagem, então não temos moral para sair na rua reclamando de corrupção e desvio de verbas.

Enfim, ainda temos um longo caminho a percorrer no campo da ética e da disciplina. E não adianta rotular os políticos como "canalhas"; eles são apenas o reflexo de nós todos, a sociedade dos pequenos canalhas otários. A mudança cultural é possível, mas tem que começar dentro de cada um. E enquanto nós brasileiros escolhemos continuar com essas atitudes pequenas, do outro lado do oceano alguém grita: gooool da Alemanha!

# 3. Projeto sem metas é poesia. E eu escolho os meus poetas

(28 set. 2015)

Infelizmente, tenho um gosto musical totalmente diferente da maioria e curto compositores que pouca gente conhece. Isso provavelmente vem dessa minha mania (totalmente ultrapassada) de gostar de letras com significado, estruturadas em frases com sujeito, verbo e objeto. Isso me faz fã de nomes como Renato Teixeira, Paulo César Pinheiro, Luiz Vieira e outros que pouquíssima gente sabe que existem. Tudo bem, se a maioria absoluta prefere Valesca Popozuda e Michel Teló quem deve estar errado sou eu mesmo.

Nessa minha busca por qualidade musical descobri, há algum tempo, um sujeito chamado Geraldo Azevedo, capaz de escrever uma coisa absolutamente linda chamada "Dia branco". Para quem não conhece, a letra começa assim; "Se você vier, pro que der e vier comigo, eu te prometo o sol, se hoje o sol sair, ou a chuva, se a chuva cair...". Nada mais lindo que o poeta pobretão dizendo à sua musa que nada tem a oferecer além do que chamamos "amor". Em tempos de *material girls*, acredito que nenhuma mulher mais ache interessante um papo desses, mas, enfim... poesia é a arte do impossível. Ou algo assim.

Antes que alguém pense que eu esclerosei de vez, gostaria de fazer o *link* entre o bom Geraldo Azevedo e o gerenciamento de projetos; é que, fiel ao meu espírito de velhinho metido a engraçado, elegi esta como a "melô do gerente de projetos". Para quem não entendeu, acho que o bom gerente é aquele que não promete nada além do que pode cumprir. E, na grande maioria das vezes, nós só podemos prometer o sol e a chuva, desde que eles concordem com isso. Ou seja, nada.

Tudo isso me veio à cabeça ao ler o anúncio feito com pompa e circunstância, em plena ONU, pela nossa preclara "presidenta" sobre as metas de redução de emissão de gases no Brasil: 35% até 2025 e 43% até 2030.

Minha longa experiência com gerenciamento de projetos me ensinou a duvidar desse tipo de número, por princípio. Além disso, a credibilidade da anunciante já anda abalada demais. Resumindo, gostaria de fazer apenas algumas perguntas:

a) De onde saíram esses números? Existem estudos conclusivos sobre o assunto? Estão disponíveis?

b) Teremos um cronograma com metas intermediárias (algo do tipo: até 2018 vamos reduzir em 5%, depois mais 10% e assim por diante)? Ou o plano é empurrar com a barriga até 2024 e depois dizer "ih, pessoal, foi mal, não deu, fica para 2065, tá bom assim"?

c) Existe um plano de ações coordenadas definido? Ou depois a gente vai pensar nisso?

d) Existe um responsável pelo cumprimento do plano (gerente do projeto)? É a própria Dilma? E se o PT sair do poder em 2018, ninguém mais será responsável por nada?

e) Existe um plano de gerenciamento de riscos? Alguém já pensou nisso?

f) Resumindo, isso é um projeto ou um mero desejo (eu gostaria que a emissão de gases diminuísse)?

Só para livrar a cara dos meus amigos petistas, gostaria de dizer que tudo o que foi dito anteriormente, sem tirar nem pôr, é o que aconteceu com o "projeto de despoluição da Baía da Guanabara", que já foi anunciado por diversos governantes de todos os partidos ao longo de muitos anos e nunca saiu do papel. Na versão mais recente que lembro, o projeto foi anunciado como "prioritário" em 2002, quando o Rio de Janeiro foi escolhido como sede dos jogos Pan-americanos de 2007. Agora estamos em 2015, os atuais governantes jogaram a toalha e admitiram que a raia olímpica de 2016 vai ser a mesma porcaria que conhecemos. Depois a gente vê como é que fica.

Resumindo: uma meta de longo prazo, anunciada sem definição de cronograma, escopo e orçamento não é um projeto, é poesia. E se é para ser poesia, a Dilma que me perdoe, mas prefiro ouvir o bom Geraldo Azevedo prometendo à amada "um dia branco, se branco ele for, este tanto, este canto de amor...".

Até a próxima.

# 4. O circo do Congresso repete o circo nosso de cada dia

(19 abr. 2016)

De todas as "qualidades" apresentadas por nossos ilustres parlamentares no triste espetáculo da votação do impeachment de Dilma Rousseff na Câmara dos deputados neste domingo (grosseria, burrice, analfabetismo funcional e outras), a que mais me chamou atenção foi a falta de disciplina. Afinal, a solicitação feita foi que cada congressista usasse dez segundos, ou seja, chega ao microfone, fala o voto (sim ou não) e passa a vez. Simples assim. Ninguém cumpriu. Aliás, minto: o deputado Paulo Maluf cumpriu o regimento direitinho. Na minha interpretação, não foi por ser disciplinado, mas apenas para esnobar os outros, mais ou menos como se dissesse "eu sou maior que isso, não preciso de dez minutinhos de fama que nem vocês, amadores". Seguramente, uma motivação muito pouco nobre.

Sempre que se fala em fatores críticos de sucesso para qualquer tipo de empreitada, a disciplina é um dos primeiros a ser citado. E, na minha visão, a origem da grande maioria dos problemas que temos no Brasil passa por esta simples palavrinha: indisciplina.

O economista Douglass North, ganhador do Prêmio Nobel em 1993, afirma que o fator mais determinante para o crescimento (ou não) de um país são as crenças de sua população. Concordo 100% com ele. E uma das crenças mais fortes do imaginário brasileiro é a sua aversão a tudo o que represente autoridade e disciplina.

Posso citar dezenas de exemplos, desde o caos no trânsito até a dificuldade que temos de formar uma fila em qualquer lugar público, mas vou citar um que me incomoda muito: o problema do celular nos aviões. É impressionante como NINGUÉM obedece imediatamente à ordem de desligar o celular. Obedecer à regra é considerado sinal de fraqueza; segundo uma frase atribuída a Roberto da Matta, o brasileiro acha que quem segue as regras é babaca. O bonito, charmoso, é continuar falando até levar uma chamada pessoal da aeromoça; aí o sujeito (ou sujeita) desliga, com ar de enfado. Na votação de domingo, várias vezes a campainha teve que ser acionada. E os caras não paravam de falar. O congresso nos representa. *Sad but true*.

Citando mais um exemplo, Lee Kwan Yew, o lendário líder que comandou a transformação de Singapura (uma minúscula cidade-estado de cinco milhões de habitantes que em menos de quarenta anos saiu do zero para tornar-se um dos países mais importantes do mundo), disse que "a democracia não leva necessariamente ao crescimento. O que um país precisa é desenvolver a disciplina e a confiança". Nada contra a democracia, é claro, mas sem disciplina e confiança temos a liberdade bagunçada. Exatamente como aqui.

### Afinal, disciplina é coisa de nazista?

Infelizmente, no Brasil, ainda existe uma confusão de conceitos entre disciplina e repressão, e temos a tendência de ver a disciplina como um entrave à criatividade, por exemplo. Para acabar com esse mito, seguem duas frases de indivíduos reconhecidamente criativos;

"Disciplina é liberdade" (Renato Russo, compositor, já falecido).

"Em relação à propaganda, sou obviamente contra a censura e totalmente a favor de disciplina e legislações" (Washington Olivetto, publicitário).

Na verdade, o primeiro passo para acabar com a indisciplina é a repressão firme (em Singapura foi assim), mas o novo estado de coisas só se consolida no momento em que as pessoas entendem que essa é a melhor forma para se viver. A foto que ilustra este artigo mostra um grupo de japoneses esperando para levar para casa sua cota de combustível logo após o tsunami de março de 2011. Veja que todos estão calmamente esperando a sua vez, mesmo em um cenário totalmente caótico. Pense agora nas nossas atitudes no trânsito, no aeroporto, na fila do supermercado... enfim, o congresso nos representa, gostemos ou não disso. E esta foto pode ser uma boa explicação para a diferença entre o desenvolvimento do Japão e o nosso.

Resumindo: a melhora que todos queremos passa, mais que qualquer coisa, por uma renovação de crenças e valores. O já citado Douglass North diz que "um país que valoriza a pirataria vai produzir os melhores piratas". Uma cultura que valoriza o individualismo e a safadeza vai eleger políticos egoístas e safados. Simples assim.

E como ficam os projetos nesse ambiente? Mal, muito mal. O recado é: os japoneses, que são "otários", obedecem a filas, têm consciência política, respeitam o direito dos outros. A cultura da coletividade é tão forte que os políticos que saem da linha e são apanhados em atos de corrupção normalmente cometem suicídio, para limpar a vergonha a que sua família será submetida.

O quadro brasileiro, infelizmente, é outro; cada um defende o "seu" projeto de nação, sinais para lá de evidentes de corrupção são negados até a morte por políticos de todos os matizes (e seus eleitores) e, quando não dá mais para explicar, resta o cinismo; afinal, todo mundo faz isso...

Obviamente, nenhum projeto pode dar certo nesse ambiente. E isso explica, por exemplo, a capacidade que o Japão teve de se recuperar, em menos de cinco anos, de um terremoto devastador, seguido de tsunami e acidente nuclear. Enquanto isso, para ficar apenas em um exemplo brasileiro, a minha querida Teresópolis (RJ), onde tenho uma pequena casa de veraneio, sofreu os efeitos de uma chuvarada muito forte mais ou menos na mesma época do terremoto japonês (início de 2011) e até hoje apresenta sequelas em alguns bairros. Em compensação, três prefeitos já estão sendo investigados por enriquecimento ilícito...

Resumindo, ainda temos muito que andar para chegar ao nível japonês de disciplina e consciência. E nossos projetos também vão sofrer com isso até a gente aprender a mudar.

# 5. O bom debate é a chave do sucesso. E nós, brasileiros, temos que aprender isso

(07 ago. 2016)

Desde que me aposentei passei a ser um usuário bem ativo das redes sociais. Afinal, é um bom lugar para rever antigos amigos e "conversar" sobre diversos assuntos. Como em todo o lugar onde o acesso é livre, sempre existem os tipos mal-educados e grosseiros, mas, de um modo geral, sempre foram minoria e havia o recurso de bloqueá-los. Só que, nos últimos meses, estou vendo essa situação sair do controle.

Pouco depois da votação do impeachment, postei um artigo condenando a atitude do deputado Jean Wyllis, que cuspiu no deputado Jair Bolsonaro. Meu artigo não teve qualquer conotação política; se fosse o Bolsonaro a cuspir no Jean Wyllis, minha atitude de condenação seria exatamente a mesma, afinal entendo que ninguém pode cuspir em ninguém, muito menos em plena Câmara dos Deputados. Pois bem, um amigo de longa data me bloqueou e ainda me deixou um comentário desaforado, dizendo que "não era possível conviver com um cara que defende o Bolsonaro". E eu não estava defendendo o Bolsonaro, nem sou simpatizante dele...

Ontem, antes da cerimônia de abertura dos Jogos do Rio, um amigo colocou no Facebook algo como um chamamento para vaiar o Temer. Imediatamente a discussão virtual começou. Coxinha para lá, petralha para cá, até que uma moça, criticando um cara que postava "memes" anti-PT sem parar, mandou essa: "Fulano, o *wi-fi* do hospício deve ser bom, né? Porque você não para de postar". A resposta do rapaz desceu alguns tons na escala de civilização: "a do puteiro também deve ser boa, porque você não para também". Parei de ler ali mesmo. Detalhe: eram dois engenheiros, cinquentões, meus ex-colegas de Petrobras, pessoas de "fino trato", como se diria antigamente. Ela chamando o cara de louco, ele a chamando de puta.

Minha conclusão é que perdemos totalmente os parâmetros. Só que, otimista que sou, vejo essa crise como oportunidade; é bom que nossa falta de educação e civilidade venha logo para a vitrine, acabando com o mito do "brasileiro cordial e bem-humorado" em que acreditamos durante muito tempo. Conforme eu digo sempre, se o brasileiro fosse assim não teríamos 50 mil homicídios por ano (medalha de ouro nesse triste quesito). E penso que essa incapacidade de conviver com opiniões diferentes é responsável por boa parte do nosso atraso.

Buscando subsídios para a minha tese, li o excelente livro "Um país sem excelências e mordomias", escrito pela jornalista Cláudia Vallim sobre a Suécia, onde ela mora há mais de 15 anos. Lá pelas tantas, ela diz que "o esporte preferido dos suecos é o debate". Veja bem: eles adoram discutir, trocar ideias e concluir algo. E a partir do momento em que a decisão é tomada, todo mundo trabalha para que seja um sucesso. Sem ressentimentos. Isso explica muito a diferença de nível entre a Suécia e o Brasil.

Outro exemplo que podemos citar é o povo judeu. Não sou judeu, mas acho estatisticamente fantástico que um povo que soma cerca de 15 milhões de pessoas no mundo todo (ou seja, míseros 0,2% da população do planeta) tenha ganho 20% dos prêmios Nobel até hoje, só para ficar em um item. Na área de gerenciamento de projetos, onde atuo, as duas grandes autoridades reconhecidas mundialmente são Aaron Shenhar e Harold Kerzner, ambos judeus. Tentando entender o sucesso deles, chamou-me a atenção uma frase de Jonathan Sacks, rabino-chefe da Comunidade Britânica: "no judaísmo estamos acostumados à discussão. Somos uma religião de debatedores. Só porque discutimos não quer dizer que não possamos ser amigos". Perfeito. Agora ficou claro.

Enfim, poderia buscar outros milhares de exemplos, mas entendo que a tese é simples: o que faz a grandeza de um povo ou de um país são as boas discussões. E a boa discussão é aquela onde o objetivo não é ganhar nem humilhar o outro, mas chegar a uma boa conclusão. E é esse o ponto em que estamos falhando. E cabe a nós mesmos modificar esse estado de coisas, independentemente de ser coxinha ou petralha.

Para concluir o artigo, uma opinião de "Pepe" Mujica, o folclórico presidente do Uruguai, sem dúvida uma das figuras mais interessantes e respeitáveis da política latina. Ontem, em um seminário em Curitiba, ele disse que a "conta pendente do povo brasileiro é não permitir que o ódio germine por divergências políticas". Falou e disse, como se falava (e dizia) no meu tempo de jovem.

Resumindo: ou a gente aprende a respeitar a opinião alheia ou vamos continuar no atoleiro. Você decide.

Até a próxima.

# Parte IV.
# Artigos para congressos

# 1. Palavras "mágicas", palavras "trágicas"...

**Escrevi este texto em cima de um trabalho que apresentei em novembro de 2003 no Seminário Ibero-americano de Gerenciamento de Projetos. O artigo chamava-se "Palavras 'mágicas' na comunicação em projetos". Só que, depois do artigo pronto e apresentado para a comissão que selecionava os trabalhos, me dei conta de que havia algumas palavras "trágicas" que também eram importantes. E o mais engraçado é que foram estas últimas que fizeram mais sucesso na apresentação em público. Assim sendo, o que vai aqui é uma versão revista e ampliada do texto original, incluindo a parte referente às palavras não tão "sagradas", mas que me parecem bem relevantes. Detalhe importante: entre os exemplos de gerentes vencedores citei, na época, o técnico de futebol Luiz Felipe Scolari, o Felipão, afinal ele havia acabado de ganhar, com a seleção brasileira, a Copa de 2002 e era uma unanimidade nacional. Jamais eu poderia sonhar que um dia aconteceria um 7x1... de qualquer maneira, em agradecimento aos relevantes serviços prestados por ele ao meu Grêmio, resolvi deixar o texto conforme estava.**

**Resumo** – Apesar de todos os avanços obtidos na área de gerenciamento de projetos nos últimos anos, os fracassos continuam acontecendo. Um *benchmarking* feito pelo PMI-RIO com cerca de 60 grandes empresas atuando no Brasil colocou como causa primeira do fracasso de projetos os chamados "problemas de comunicação" (1). Embora este seja um conceito um tanto quanto vago, não podemos esquecer que, no próprio *PMBOK® Guide*, uma qualidade considerada fundamental para um bom gerente de projetos é justamente a habilidade de comunicação; o problema é que muito pouco do que se escreve ou produz sobre gerência de projetos versa sobre esse assunto. Em nossa opinião, o que existe é uma certa dificuldade para lidar de forma objetiva com esses conceitos mais sutis – afinal, o que é uma boa

## 86 • Surfando a Terceira Onda no Gerenciamento de Projetos

comunicação? Existe alguma forma de aferir se estamos nos comunicando bem ou mal? Essa dificuldade faz com que as pessoas acabem por adotar duas posturas diametralmente opostas diante do tema: ou a indiferença total (ou seja, considerar que a habilidade em comunicação é um dom inato, e, assim sendo, não adianta tentar ser científico nessa área) ou a tentativa de buscar um estudo profundo sobre o assunto – e aí surgem os famosos "treinamentos" para extravasar emoções, desbloquear a mente, análises em grupo, enfim, uma série de coisas que normalmente não conseguem gerar qualquer resultado prático, caindo, por isso, na descrença e no ridículo.

Neste trabalho estamos procurando adotar uma postura intermediária, estudando da forma mais objetiva possível até onde uma comunicação boa ou ruim pode afetar um projeto e propondo alternativas para tentar melhorá-la, sem chegar ao nível da neurolinguística ou da psicologia, mas apenas utilizando alguns pequenos truques que fomos aprendendo ao longo de nossa vivência e estudos sobre o tema. Ao mesmo tempo, procuramos prevenir o leitor para algumas palavras ou frases "trágicas", que podem pôr a perder todo um trabalho de motivação de uma equipe.

### I – Introdução: em projetos, quem não se comunica se trumbica?

A frase acima, bordão do imortal Abelardo Barbosa, o "Chacrinha", talvez o maior fenômeno da história da comunicação de massas em nosso país, pode ser aplicada sem qualquer retoque ao nosso mundo de gerência de projetos. Afinal, como todos sabemos, um projeto é um evento único, e, portanto, suas definições precisam ser reconstruídas a cada caso. Começando do início, já no primeiro processo de um projeto ("Iniciação"), muito mais do que definições de escopo, prazo, custo, o que temos é uma forte atividade de comunicação. Sim, porque o ciclo funciona da seguinte forma: o cliente comunica à entidade executora do projeto o que ele deseja, essa informação é passada para o gerente do projeto, depois para a equipe e assim por diante. Sabendo-se que a comunicação é basicamente um processo que envolve transmissão e recepção, além de várias codificações e decodificações no meio do caminho, podemos descrever uma espécie de "ciclo de deterioração da informação", que funciona mais ou menos assim:

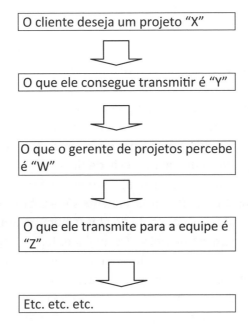

Olhando-se a sequência anterior, não é preciso ser muito perspicaz para entender que uma boa parte da informação sobre os desejos do cliente pode não conseguir sequer chegar até o "Project Charter" – e veja que estamos apenas no primeiro processo da primeira fase do projeto! Imagine-se agora o quanto de informação não é perdida ou deteriorada ao longo de infindáveis ciclos de reuniões, avaliações, *feedbacks*, mudanças de escopo, etc. Sem querer fazer divagações profundas sobre percepção cognitiva ou assuntos correlatos, acreditamos que basta observar a figura anterior para entender que um bom trabalho nessas interfaces, procurando reduzir ao mínimo as "perdas" do processo, pode ser de grande utilidade para o desenvolvimento do projeto.

**II – E onde estão as perdas?**

Muito se fala sobre "bloqueios" ou "barreiras" à comunicação. Procurando levar o assunto na forma mais técnica possível, podemos comparar o processo de comunicação com um processo normal de geração e transmissão de energia. Assim, entre a fonte geradora e o consumidor final, temos uma série de perdas, que dependem do meio de transmissão, da qualidade dos acoplamentos, etc. Na comunicação, poderíamos dividir as causas dessas perdas em dois grandes grupos: um primeiro, que chamaríamos "perdas técnicas", que seriam causadas pela dificuldade na codificação da mensagem pelo emissor, e o segundo, que seriam as "perdas sutis", causadas por problemas no acoplamento entre transmissor e receptor. Estudando os dois casos, temos:

a) **Perdas "técnicas"** – Existe sempre uma certa dificuldade, que varia de um indivíduo para o outro, em "passar para o papel" (ou o teclado, como é hoje em dia) a ideia que se tem na cabeça. Essa dificuldade costuma ser maior em indivíduos da área técnica, e a razão é bastante simples: normalmente, quem gosta de matemática e números não se sente à vontade com as palavras (trata-se de uma espécie de dogma; não pode ser demonstrado cientificamente, mas funciona). Acredito que se algum dia alguém conseguir fazer uma pesquisa razoavelmente séria sobre o volume de dinheiro perdido nas empresas por conta de atas e memorandos mal redigidos, teremos um número astronômico. De qualquer forma, seguem aqui algumas pequenas dicas de redação que, conforme dissemos antes, são baseadas em muitos anos de experiência com o assunto:

- **Conheça o seu idioma:** embora a invenção dos corretores *on-line* tenha sido muito proveitosa, não custa nada a pessoa procurar ler e informar-se, pelo menos o suficiente para não cometer erros primários. Um erro grave de ortografia ou de concordância pode abalar a credibilidade de toda uma mensagem, colocando sob suspeita a qualidade de seu conteúdo.
- **Procure focar no assunto principal:** hoje em dia o tempo das pessoas é precioso, portanto as mensagens devem ser passadas de forma muito objetiva. Assim sendo, procure evitar divagações e/ou o uso de várias propostas alternativas. Um bom memorando deve ser fácil de ler e entender.
- **Se precisar tocar em vários assuntos, use uma estrutura de tópicos:** isso é muito importante; procure sempre separar as coisas em parágrafos diferentes, se possível identificando-os por números e assunto. Isso também ajuda a economizar o tempo de quem lê e facilita a organização do pensamento na hora de escrever.
- **Separe fatos de opiniões e/ou considerações:** também é básico; não dê margem para interpretações erradas. Procure deixar sempre muito claro se uma determinada parte do texto é uma observação pessoal, uma opinião, uma suposição ou um fato comprovado (neste último caso, sempre que possível coloque algum tipo de referência para facilitar a rastreabilidade da informação, caso o leitor tenha algum interesse específico sobre o assunto).
- **Seja objetivo:** um bom memorando é um memorando curto. Descrições longas e muito detalhadas tendem a desviar a atenção do leitor e podem acarretar problemas na hora de decodificar a mensagem.

Tentando resumir em uma figura tudo o que foi dito, podemos colocar nos dois eixos de um gráfico o conteúdo e a forma pela qual uma mensagem é passada (2). O resultado é o seguinte:

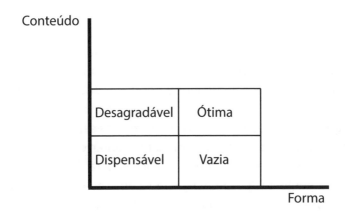

A interpretação do gráfico é assim:

- **Quadrante I:** a comunicação que tem pouco conteúdo e ainda por cima não vem com uma forma adequada, é totalmente "dispensável" (são as fofocas, reclamações da vida, piadinhas de mau gosto, etc.).
- **Quadrante II:** quando o conteúdo ainda é pouco, mas a forma é por demais rebuscada, temos a comunicação "vazia" (levado ao extremo, seria algo como os discursos do inigualável personagem Odorico Paraguaçu, de Dias Gomes, que exagerava nos adjetivos e advérbios, mas não tinha coisa alguma para dizer).
- **Quadrante III:** ao contrário da anterior, aqui temos uma mensagem com conteúdo, mas passada de forma deselegante ou confusa, o que torna sua leitura "desagradável".
- **Quadrante IV:** é o ideal; uma mensagem com um bom conteúdo e dotada de uma forma adequada, elegante e objetiva.

Fechando este item, devemos dizer que é muito importante evitar cair nos três primeiros quadrantes do gráfico. Nos tempos atuais, em que as pessoas e empresas sofrem da chamada "TMIS" (*Too Much Information Syndrome*, ou Síndrome do Exagero de Informação), é preciso ter muito cuidado ao passar informações adiante, pois ninguém mais admite perder tempo lendo coisas com pouco conteúdo ou muito mal redigidas. Um certo cuidado na busca do Quadrante IV vale a pena e pode proporcionar um bom retorno.

b) **Perdas "sutis"** – Embora não exista qualquer base estatística ou matemática confiável para sustentar essa afirmação, acreditamos que pelo menos 70% dos problemas de comunicação em um projeto ocorrem por causas "sutis", ou seja, problemas no "acoplamento" entre o transmissor e o receptor. Esse é um ponto muito difícil de ser localizado e entendido, mas a verdade é que, muito mais do que clareza ou objetividade, o que torna uma mensagem mais ou menos palatável é a identificação entre o receptor e o transmissor. Colocando a coisa em termos práticos: quantas vezes, em nosso dia a dia, não abrimos a nossa caixa de correspondência e dizemos "ih! Lá vem Fulano com aquele papo chato...". Costumamos dedicar atenção diferenciada a pessoas conforme nos sejam mais ou menos agradáveis em termos de contato humano. Tentar entender o porquê dessa identificação pode ser o ponto de partida para divagações que podem ir desde a pergunta "por que alguém se apaixona por alguém" ou algo do tipo "por que eu torço para o time tal", chegando até a busca de supostos laços reencarnatórios ou combinações astrológicas e zodiacais entre as pessoas – e, obviamente, nada disso faz parte do escopo deste texto.

Baseando-nos em mais de trinta anos de experiência com equipes de projeto, podemos dizer, com uma boa margem de segurança, que existe um perfil de pessoa que tende a ser mais agradável ou, para manter o jargão que estamos utilizando, que se "acopla" de forma mais adequada com a maioria dos grupos humanos. Esse é o tipo de pessoa que consegue ser um "líder", que consegue unir e motivar o grupo e levar as tarefas adiante – enfim, o perfil ideal do gerente de projetos. A fórmula desse "gerente ideal" inclui, como ingredientes básicos, doses muito bem balanceadas de autoconfiança e humildade, muita sinceridade no trato com as pessoas e, acima de tudo, a crença inabalável de que projetos são feitos por equipes e nada pode ser mais importante do que a união do grupo em torno do objetivo. O esporte nos dá dois exemplos claros de gerentes com esse perfil: os técnicos campeoníssimos Bernardinho (vôlei) e Felipão (futebol). Independentemente de qualquer questionamento que possa ser feito com relação ao conhecimento técnico ou estratégico desses dois grandes vencedores, o que pode ser observado como sendo a "marca registrada" que eles imprimem a todas as equipes que comandam é a obstinação pela vitória e o espírito de sacrifício que todos mostram em prol do grupo – e quem já praticou algum esporte coletivo sabe como isso é difícil de alcançar, num meio onde, via de regra, o nível cultural não é muito elevado e os egos costumam ser altamente inflamados. Seguramente, existe algum "segredo" na atuação desses dois grandes gerentes que faz com que eles consigam obter seus resultados e, invariavelmente, encantar os seus clientes (no caso, nós, os exigentes torcedores brasileiros). E, mais que isso, são capazes de obter sempre a admiração e a disposição de colaborar de seus comandados (dificilmente você ouvirá algum ex-atleta de Felipão ou Bernardinho fazendo restrições ao comportamento de qualquer um deles).

A conclusão a que chegamos, portanto, é de que existe algum tipo de "mágica" que faz com que a transmissão das informações e o acoplamento entre as pessoas funcione melhor ou pior. E é claro que humildade, bom humor, sinceridade e comprometimento fazem parte dessa "poção". Não temos, é claro, a pretensão de conhecer o segredo dessa "pedra filosofal", mas observamos, pela vivência, que existem alguns sintomas que deixam muito claro o bom ou mau andamento de um projeto. E conseguimos colecionar algumas palavras, que poderíamos chamar de "sagradas" ou "mágicas", que, utilizadas no cotidiano de um projeto, fazem com que ele ande melhor. Mais uma vez é preciso repetir: não há como ser cartesiano nesse campo. Não temos a pretensão de buscar, pelo menos em um primeiro momento, algum tipo de indicador que demonstre quantos por cento vamos economizar em termos de tempo e custo com esses pequenos incrementos na qualidade da convivência e da comunicação dentro do projeto, mas nos parece que, por menos base científica que essa argumentação pareça ter, ainda assim deve ser olhada com cuidado, já que estamos nos propondo a solucionar um problema que é apontado como a maior causa de fracassos em projetos.

Além disso, oferecemos de brinde uma coleção de palavras "trágicas", ou seja, aquelas que, quando usadas, podem pôr a perder todo um trabalho na área de motivação e companheirismo de equipe.

### III – Encontrando as "palavras mágicas"

Conforme prometido no título deste artigo, segue uma lista de frases que são mágicas. Descobri essa preciosidade em um livrinho especialmente descontraído e bem-humorado, cujo tema central versava sobre os fundamentos da doutrina espírita (?), mas fiquei impressionado ao ver como os conceitos, extremamente simples, apresentados ali se encaixavam de forma perfeita ao nosso mundo de gerência de projetos (3). Vamos a elas, pois:

a) **As seis palavras "mágicas": eu admito que cometi um erro.** Esta é uma frase que deve estar sempre na cabeça de um bom gerente de projetos. Ter a humildade de buscar em seu comportamento e nas suas atitudes a fonte dos erros cometidos (e nunca ceder à tentação de jogá-los para os outros) é uma qualidade rara e muito importante. Um bom exemplo prático: o gerente envia um e-mail à equipe solicitando uma determinada resposta. Um elemento da equipe não entende exatamente a mensagem e envia uma resposta diferente da esperada. A pior abordagem possível na hora de resolver esse assunto é dizer algo do tipo "você não entendeu o meu pedido"; é muito mais produtivo partir de uma frase do tipo "eu devo ter me expressado mal". Veja a sutil diferença entre as duas abordagens: na primeira, estamos jogando a responsabilidade do erro para o outro (o que, seguramente, vai originar uma resposta no mesmo tom), enquanto, na segunda, estamos colocando o outro à vontade para voltar atrás e corrigir o que fez. E, melhor ainda, podemos aprender com a situação melhorando a forma pela qual o pedido foi feito (as famosas *lessons learned*, que o *PMBOK® Guide* tanto gosta). Sobre o assunto, ouvi, em uma palestra no PMI-SP (4), uma frase do famoso corredor de rali Klever Kohlberg que achei fantástica: "a diferença entre um perdedor e um ganhador é que o perdedor não erra nunca". Veja só o paradoxo: ele diz que o perdedor nunca erra! Explicando a frase, ele afirmou que o que caracteriza um vencedor é o fato de que, ao final de cada competição, ele procura verificar todos os erros que cometeu, para corrigi-los na próxima vez; o perdedor nato, por sua vez, nunca admite que errou – sempre consegue descobrir um "culpado" para os problemas ocorridos, atribuindo-os a fatores externos, aos membros da equipe, a falhas no equipamento, etc. Ao proceder dessa forma, ele nunca consegue aprender (ou seja, pula a etapa do *lessons learned*), o que faz com que continue sendo um perdedor para o resto da vida. Com mais de 15 participações no Paris-Dakar e uma carreira de vinte e tantos anos de sucesso, acredito que Kohlberg entende muito de vencedores e perdedores, e que suas opiniões sobre o assunto são respeitáveis. Provavelmente Bernardinho e Felipão assinariam embaixo de suas palavras. Enfim, ter a humildade necessária para estar sempre disposto a admitir e tentar corrigir os próprios erros é uma "mágica" extremamente poderosa dentro de um projeto.

b) **As cinco palavras "mágicas": você fez um bom trabalho.** Elogios e reconhecimento representam uma "vitamina" que costuma ter efeitos altamente benéficos para a realização de um projeto. É preciso trabalhar sempre, de maneira muito firme, o reconhecimento do trabalho das pessoas, seja sob a forma de bônus financeiros ou qualquer outra. Existe hoje toda uma vasta literatura sobre motivação e formas de recompensa, mas, independentemente de qualquer outra coisa, há uma espécie de *rule of thumb* que funciona para qualquer caso: aplauda ruidosamente, mas critique em voz baixa. Assim, quando uma equipe ou um indivíduo executa um trabalho realmente notável (nesse ponto é preciso cuidado; não fique também elogiando todo mundo, todo dia, que a coisa perde o sentido) é dever do gerente de projetos colocar essa informação ao alcance de todos os interessados com o máximo entusiasmo possível. Por outro lado, quando alguém, ou algum grupo, está com dificuldades em atingir suas metas ou produzindo abaixo do que seria esperado, o *approach* deve ser exatamente o inverso; primeiro uma conversa reservada (nesse ponto, nada substitui uma conversa face a face; e-mails, videoconferências, etc. são ótimos para muitas situações, mas, seguramente, não servem nesse caso. Às vezes até vale a pena investir dinheiro em uma viagem, ou mesmo numa reunião fora do local de serviço, para fechar um assunto desse tipo). O segundo passo deve ser uma cobrança mais forte (se for o caso, por escrito, mas sempre mantendo o assunto apenas entre o gerente do projeto e os diretamente envolvidos) e só depois de esgotadas todas essas etapas de "negociação" o problema deve ser levado para alguma outra esfera superior de decisão. Isso tudo pode parecer óbvio, mas, infelizmente, ainda existem muitos gerentes de projetos que confundem as coisas e acham que uma "chamada" firme e exemplar em cima dos "inadimplentes" do projeto, de preferência na frente de todo mundo, faz com que ele preserve a sua autoridade. É claro que isso não passa de uma grande ilusão; o respeito e o comprometimento do grupo são obtidos muito mais através de atitudes firmes, que muitas vezes podem ser quase silenciosas, do que por meio de gestos "teatrais" na frente do grande público. Resumindo, a regra é esta: esteja sempre disposto a elogiar, mas seja muito cuidadoso na hora das críticas.

c) **As quatro palavras "mágicas": qual a sua opinião?** Mais uma vez, o tema da humildade volta. A "magia" desta pergunta é a seguinte: ao mesmo tempo em que encoraja o membro da equipe a colocar suas opiniões sobre o tema, faz com que ele se comprometa, de alguma forma, com o resultado (ele jamais poderá dizer que "ninguém me consultou sobre isso"). E o melhor de tudo é que, muitas vezes, uma boa sugestão pode vir de onde menos se espera. Os antigos costumavam dizer que quando Deus nos deu dois ouvidos e apenas uma boca Ele quis dizer que deveríamos ouvir duas vezes mais do que falar. Um líder não é obrigatoriamente o dono da verdade; ao contrário, a capacidade de ouvir ideias alternativas, confrontar propostas, buscar o consenso e o convencimento das partes envolvidas, tudo isso são etapas que só servem para consolidar o processo de liderança. Uma das características marcantes de uma liderança dita "democrática" é justamente a capacidade de ser colocada à prova no debate contínuo das ideias; isso permite o aperfeiçoamento do líder e de todo o grupo. Trazido para o mundo da gerência de projetos, temos que essa difícil capacidade de manter uma contínua abertura para a troca de ideias com a equipe pode ser uma "mágica" poderosa na hora de buscar o comprometimento para atingir as metas propostas. Saber ouvir e estar preparado para dar as respostas certas é o dever do bom gerente de projetos; fazer isso criando o mínimo de atrito e perdas no sistema é uma habilidade rara, que pode ser capaz de produzir resultados muito interessantes.

d) **As três palavras "mágicas": se você puder...** De certa forma, esta frase complementa a anterior. É preciso estar atento ao fato de que cada indivíduo tem sua visão de mundo, suas crenças, sua escala de prioridades. Assim sendo, embora o desejo do gerente de projetos seja de que todo mundo pense no projeto o tempo todo, a verdade é que existem outros problemas que devem ser resolvidos, tanto no trabalho quanto fora dele. Não adianta pura e simplesmente ficar jogando as tarefas em cima da equipe, na medida em que o cronograma as aponta, sem levar em conta esses aspectos pessoais. A frase citada abre o espaço para uma resposta do tipo "estou ocupado com um outro serviço. Qual é a prioridade?", ou "isso tem que ser feito agora mesmo?". Ninguém é obrigado a ter na cabeça todas as tarefas do projeto ou conhecer de cor todo o caminho crítico do cronograma; assim, quando se abre possibilidade para o indivíduo expor suas alternativas ("posso fazer isso mais tarde, se não for tão prioritário") cria-se um poderoso canal para a busca do diálogo, do entendimento e da motivação para a execução da tarefa. Saber ouvir as propostas, ter boas respostas e, acima de tudo, procurar fazer com que todo esse processo aconteça em um bom nível de controle emocional e sem jamais perder de vista os interesses maiores do projeto (ou seja, evitar brigar por bobagem) é a forma mais inteligente que o gerente de projetos tem para atingir suas metas e objetivos. Enfim, um pouquinho de paciência e sensibilidade no momento de pedir as coisas pode representar a diferença entre o sucesso e o fracasso.

e) **As duas palavras "mágicas": "muito obrigado", "com licença", "por favor", "bom dia"...** Educação e simpatia nunca são demais. Por mais que o cronograma nos pressione, por piores que sejam as condições de trabalho, nunca devemos esquecer as regras fundamentais da boa convivência. Cumprimentar as pessoas antes de pedir qualquer coisa, agradecer pelo trabalho feito, pedir licença para entrar em uma sala, enfim, todas aquelas pequenas coisas que nos ensinaram quando éramos crianças (alguns até aprenderam, mas, infelizmente, muitos esqueceram) são especialmente válidas no mundo da gerência de projetos. Nada é mais irritante do que aquele sujeito que entra na sala e antes de dar "bom dia" já começa a falar do relatório que ainda não está pronto, da tarefa que deve ser concluída hoje, etc. "Não sois máquinas; seres humanos, eis o que sois", dizia o personagem de Charles Chaplin no maravilhoso monólogo final de "O Grande Ditador". Pois bem, seres humanos gostam de ser bem tratados. E costumam dar respostas muito positivas quando são bem tratados. Nada mais óbvio e, por incrível que possa parecer, nada mais difícil de se encontrar.

f) **A palavra mágica: "Nós".** Mais uma obviedade; projetos são feitos por equipes, equipes são compostas de pessoas, ninguém vai a lugar algum sozinho. Já que citamos em itens anteriores alguns ídolos do esporte, vamos recordar aqui um dos lugares-comuns mais utilizados por todos os atletas que são entrevistados após a conquista de um campeonato: "ganhamos porque o grupo estava unido, ninguém quis se destacar mais que os outros, etc.". Quantas dezenas de vezes cada um de nós já ouviu esse tipo de frase? E o mais incrível é que muitos gerentes de projetos ainda não acreditam nisso. O líder pacifista indiano Mahatma Gandhi dizia que um dos homens mais importantes de sua equipe era o auxiliar de cozinha. E justificava: "ele é quem seleciona os alimentos que o cozinheiro vai preparar para mim. Assim, se por acaso ele falhar em sua tarefa e escolher um alimento estragado, eu não estarei em condições para realizar as minhas obrigações políticas a contento". Na simplicidade de sua sabedoria, Gandhi exaltava a força da equipe, o esforço individual recompensado com a vitória do coletivo. Da mesma forma, podemos dizer que o sucesso de um gerente de projetos não é um sucesso dele, mas, sim, da equipe que fez o projeto. Qualquer tentativa de subverter essa ordem costuma redundar em problemas.

## IV – E as tais "palavras trágicas"?

Ao mesmo tempo em que me encantava com a ideia de ter palavras mágicas, que facilitam e ordenam o mundo das comunicações no projeto, fui recordando de algumas palavras que eram capazes de acabar com qualquer tipo de motivação e espírito de equipe. Lembrei diversas frases e, após um processo de depuração em que fui ajudado até por alguns colegas da Petrobras para os quais fiz uma apresentação prévia, fiquei com quatro frases que me parecem representativas de todo esse triste universo dos derrotistas, dos que acabam com qualquer esperança nos nossos projetos. Vamos a essa tenebrosa lista.

## 96 • Surfando a Terceira Onda no Gerenciamento de Projetos

a) **O meu trabalho eu faço direito. Agora, esse pessoal...** Esta é terrível. Trata-se daquele sujeito que divide o mundo entre ele e "o resto" – sendo que resto, aqui, vai com o sentido de resto mesmo. Ele não se vê como um reles mortal; suas motivações são próprias, o resultado do trabalho de equipe pouco conta, o projeto pode ir para o buraco; a única luz que o fascina é a dele mesmo. A força destrutiva que uma pessoa dessas exerce sobre uma equipe é absolutamente imensurável. Acho que já citei esse exemplo anteriormente, mas por que você acha que o grande mestre Felipão, na Copa de 2002, bateu de frente com toda a opinião pública brasileira e deixou o "cracaço" Romário de fora da seleção? Você acha que seria possível a criação da vencedora "família Scolari" com um sujeito com o temperamento de Romário a bordo do navio? Felipão preferiu não pagar para ver. A história provou que ele tinha razão.

b) **Isso aqui nunca mudou e não vai mudar nunca.** Este é o famoso "burro empacado"; o mundo não muda, o trabalho é sempre a mesma porcaria e por aí vai. Quem entendeu bem o conceito de ruptura, colocado logo na introdução deste livro, sabe que o projeto representa exatamente o contrário disso; é sempre a mudança de um estado existente para uma nova situação. Assim, quando temos um tipo desses na equipe, fica difícil implementar o conceito da mudança. A descrença leva à desmotivação – e aí acaba tudo mesmo. Acho que já discorri suficientemente sobre o assunto no artigo "Por que me ufano do meu país – uma reflexão sobre o Brasil brasileiro". Reclamar da vida parece ser o nosso esporte nacional. E se a gente acredita que nada vai mudar, aí é que nada muda. Mesmo.

c) **Eu não quero saber o que houve; eu quero saber de quem é a culpa.** Peço desculpas por insistir no tema, mas a coisa mais chata e inútil deste mundo é correr atrás de culpados. Esse assunto já foi abordado várias vezes ao longo deste livro, por isso não precisamos ir muito mais longe. Citando (de novo!) o extraordinário livro "A Quinta Disciplina", de Peter Senge: não procure culpados (é o título de um dos capítulos). Esse é o conhecimento mínimo que se exige de um gerente; se algo sair errado, procure entender as razões. Buscar culpados e castigá-los "exemplarmente" é uma prática burra que só gera atritos, desgaste e insatisfação. Esqueça isso.

d) **Eu sabia que não ia dar certo...** Este é, na minha opinião, o pior de todos. Projetos implicam em riscos, sempre existe a possibilidade de as coisas acontecerem de forma errada – e, nesses maus momentos, tudo o que nós não precisamos é de algum espírito de porco para dizer que sabia desde o início que não ia dar certo. Profetas do dia seguinte são seguramente o pior tipo de "ajuda" que podemos ter em um ambiente de projetos. Todo sujeito que trabalha em projetos tem a obrigação de ser otimista e bem--humorado. Coisas erradas sempre vão acontecer; é dentro da nossa cabeça que elas podem se transformar em oportunidades de aprendizado ou em tragédias completas.

## V – Conclusão – Afinal, as palavras "mágicas" funcionam?

Existem dezenas de estatísticas sobre sucessos e fracassos de projetos que podem ser consultadas nas mais variadas fontes. Também existem diversas tentativas de explicar por que determinados grupos atingem o sucesso e outros não. Por mais que se tente ser "técnico" no momento de buscar essas explicações, é certo que, quase sempre, por trás de cada fracasso em um projeto vamos encontrar pessoas arrogantes, mal-humoradas, com pouca disposição para o diálogo, etc. Por outro lado, há um certo tipo de pessoa que parece "atrair" o sucesso, conseguindo sempre obter o comprometimento e a motivação do time e acabando por realizar com êxito as tarefas mais complicadas. Apesar de toda a dificuldade que existe para ser "científico" em uma área tão sutil quanto essa, tentamos, ao longo deste texto, indicar alguns caminhos que podem ser seguidos para evitar que o veneno do *misunderstanding* penetre nas veias de uma equipe de projeto, com todos os seus conhecidos efeitos catastróficos.

Todavia, mais importante que qualquer dos "truques" que ensinamos aqui é a disposição do gerente de projetos em adotar o que foi aqui proposto como sua nova atitude de vida. Assim como ocorre nos programas de qualidade total, onde a verdadeira melhoria contínua somente é alcançada quando, muito mais do que seguir os procedimentos, o empregado efetivamente acredita nas propostas do programa, o que temos aqui não são meras técnicas de relacionamento; estamos propondo um paradigma de comportamento que precisa ser tomado como verdadeiro tanto pelo gerente como pela equipe. Assim, o valor da humildade, do humor e da transparência transcende a mera busca de um resultado melhor na realização de um cronograma, mas precisa ser vivenciado no dia a dia de todos, na busca de um maior equilíbrio em todos os níveis. Assim, muito mais do que tentar entender e aplicar o que foi colocado neste texto, é fundamental que isso se torne uma crença na vida das pessoas. Parafraseando a conhecida oração de São Paulo Apóstolo ("ainda que eu falasse a língua dos anjos... sem amor, eu nada seria"), poderíamos dizer que de nada valem as melhores virtudes técnicas e relacionais se não houver a sinceridade de propósitos. Assim, as "palavras mágicas" são colocadas aqui apenas como exemplos concisos, mas que devem refletir uma atitude de vida e de relacionamento entre os seres humanos de uma forma geral, dentro e fora das equipes de trabalho.

## 98 • Surfando a Terceira Onda no Gerenciamento de Projetos

Mais uma vez, dizemos: não estamos aqui como poetas ou profetas, muito menos como pretensos líderes de uma purificação espiritual. Estamos falando de rendimento de equipes, de retorno sobre capital investido, de cumprimento de prazos e custos. Nesse ponto, podemos garantir, a "mágica" dá bons resultados.

### Referências

(1) PINTO, Américo. Palestra no Encontro Nacional de Profissionais em Gerenciamento de Projetos, Firjan, jun. 2003.

(2) EUSTÁQUIO, Geraldo. Palestra no Encontro da Gerência CENPES/PCP, Angra dos Reis, fev. 2002.

(3) SIMONETTI, Richard. **Não Pise na Bola.** Petrópolis: Vozes, 1992.

(4) KOHLBERG, Klever. Palestra no Encontro de Gerenciamento de Projetos, PMI-SP, nov. 2002.

# 2. O que é afinal um "ambiente que favorece a inovação"? A Bíblia explica

**Inscrevi este trabalho em um seminário do PMI-SP em 2014. Embora não tenha sido selecionado para apresentação, foi publicado no site do PMI-SP junto com alguns outros referentes ao mesmo seminário.**

**Resumo:** a proposta deste trabalho é analisar a influência dos fatores culturais nas decisões tomadas pelos indivíduos em um projeto e como isso pode afetar os resultados finais em termos de cumprimento de custo, prazo e desempenho, entre outras coisas. Dando ênfase especial aos problemas dos projetos brasileiros, o texto foi desenvolvido a partir de um caso de sucesso em um projeto de engenharia utilizando diversas referências, entre as quais a Bíblia, para justificar os diferentes resultados obtidos. A conclusão é que, muito mais do que treinamento em metodologias e boas práticas, a mudança de atitude pode ser um fator crítico para que o quadro atual se modifique para melhor.

**Palavras-chave:** Projetos; Inovação; Cultura; Resultados.

## 1. Introdução

O texto bíblico pode, muitas vezes, ajudar a explicar alguns dos pontos que discutimos em nosso dia a dia. Sempre que se fala em reconhecimento e recompensas, por exemplo, recordo a parábola dos talentos. Para quem não sabe, está no livro de Mateus, 25:14 a 30. Resumindo, a história é mais ou menos assim: um senhor de terras sai para uma longa viagem e, antes da partida, dá a três de seus servos uma determinada quantidade de talentos (moeda utilizada na época), para que prestem contas na volta. O primeiro recebe cinco talentos; feliz com a confiança depositada nele pelo chefe, aplica o dinheiro e na volta devolve-lhe em dobro. O segundo, que

## 100 • Surfando a Terceira Onda no Gerenciamento de Projetos

recebe dois talentos, faz a mesma coisa. Os dois são considerados abençoados. O terceiro recebe apenas um talento e prefere enterrar a moeda; na volta, devolve exatamente o que recebeu. Este terceiro servo é amaldiçoado. Confesso que sempre questionei um pouco essa história, uma vez que, do ponto de vista de gerenciamento de projetos, pelo menos, este servo não pode ser criticado; afinal, ele cumpriu o escopo previsto. Uma leitura mais cuidadosa do texto, porém, explica bem o problema. As palavras deste servo são: "Senhor, sei que sois exigente, que ceifais onde não semeaste e que colheis onde não haveis semeado; porque eu vos temia, fui esconder vosso dinheiro na terra; eis aqui eu vos entrego o que vos pertence". Em outras palavras, o servo agiu motivado apenas pelo medo da represália. E é essa desconfiança que ele sente em relação ao seu senhor, a quem acusa de diversos crimes e falcatruas, que faz com seja amaldiçoado, mesmo tendo cumprido, pelo menos aparentemente, a missão que lhe foi confiada. E isso pode explicar muita coisa, conforme tentaremos demonstrar ao longo deste texto.

### 2. O caso das duas soluções de engenharia

Vivenciei essa situação em um projeto de uma grande planta industrial, na época em fase adiantada de construção e montagem. O problema que tínhamos que resolver é muito comum em obras desse tipo: havia sido comprada uma grande quantidade de tubulação cuja especificação permitia o uso em temperaturas até 190° C (o valor é meramente ilustrativo). O problema é que, em algum momento entre a etapa de projeto básico e a compra do material, alguém não reparou que havia uma inconsistência entre alguns documentos do projeto. O fato é que, na vida real, essa tubulação estaria sujeita, em alguns casos de operação, a uma temperatura que poderia chegar a 200° C. E agora? Não preciso dizer que a simples troca dessa tubulação por uma mais adequada implicaria em retrabalho, custos não previstos e atrasos, prejudicando seriamente o VPL do projeto (que já não era lá essas coisas, diga-se). Ou seja; era urgente achar uma solução que viabilizasse o uso da tubulação existente. Como sempre acontece quando bate o desespero no projeto, os engenheiros foram convocados. E os dois engenheiros consultados propuseram soluções diferentes, uma muito ruim e outra muito boa, exatamente como ocorreu na parábola bíblica.

O primeiro engenheiro chamado recusou-se a fazer qualquer tipo de análise da situação e disse pura e simplesmente que a norma tinha que ser seguida e fim de papo. Não adiantou argumentar com custos e prazos, a posição dele foi absolutamente inflexível. A obra tinha que parar, novos tubos teriam que ser comprados e instalados; qualquer coisa diferente disso implicaria em riscos que ele não aceitava correr.

Obviamente, nós, da gerência, ficamos muito pouco satisfeitos; afinal, para dar esse tipo de resposta não seria necessário um engenheiro. Qualquer pessoa alfabetizada e com o mínimo conhecimento das quatro operações diria o mesmo. Assim como o servo bíblico, esse engenheiro foi amaldiçoado por nós, sua proposta não foi aceita e resolvemos procurar outro.

O segundo (bem mais experiente, diga-se) analisou o problema com profundidade; conversou com o pessoal do processo e descobriu, por exemplo, que essa temperatura mais alta só ocorreria em algumas situações especiais de operação, algo em torno de 5% do tempo de trabalho da planta. Seu laudo final levou em conta também o fato de que normas são feitas estatisticamente, ou seja, se o tubo garante uma operação contínua a 190° C com total segurança, é bem provável que suporte sem maiores problemas uma temperatura de 200° C durante um período curto. A recomendação final (abençoada por nós) foi: deixem tudo como está, monitorem o estado dos tubos durante o primeiro ano de operação e, caso alguma anomalia seja constatada, existe a opção de fazer a troca na primeira parada de manutenção (prevista para dois anos após a partida). O impacto em custo e prazo é zero, e, mesmo no caso pouco provável da troca ser necessária, temos dois anos para pensar nisso. Obviamente escolhemos esta opção. Não preciso dizer que tudo funcionou a contento e até hoje as coisas operam normalmente.

Penso que este é um "case" de sucesso bastante característico, em que tivemos uma substancial economia em termos de prazo e custo de um projeto utilizando uma solução que foi fruto muito mais da atitude do que da competência de um profissional. Fazendo um *link* com a parábola bíblica, podemos dizer que o primeiro engenheiro agiu como o escravo que recebeu um só talento; não tenho confiança em vocês, se alguma coisa der errada a culpa vai ser minha, então prefiro a atitude defensiva, cumpra-se a norma e não se fala mais no assunto. Já o segundo se comportou como os outros, que, felizes e confiantes, aplicaram o dinheiro acreditando que o senhor iria recompensá-los pelo sucesso e teria compreensão para não punir um possível fracasso, se acontecesse. Para usar uma frase que andou em moda algum tempo atrás, "a esperança venceu o medo". Isso não é mera retórica; diversos autores conhecidos (SENGE, 1990, SHENHAR, 2004, e outros) dão exemplos práticos de empresas e equipes cujo sucesso baseia-se justamente na atitude de "buscar o acerto e aprender com os erros" em vez de "procurar culpados para os erros cometidos".

## 3. Fundamentação teórica – outras visões sobre o problema

Neste ponto, gostaria de introduzir na discussão o fator cultural; tenho certeza que, no Brasil, a tendência das pessoas é muito mais pela atitude defensiva do que por assumir riscos. Isso é reflexo de uma cultura que claramente divide as pessoas em duas castas; as que mandam e as que obedecem. Sem tentar fazer uma análise sociológica, para a qual não tenho a menor competência, me baseio em observações práticas do dia a dia. Toda vez que buscamos entender as razões para o péssimo desempenho dos projetos brasileiros, em termos de cumprimento de premissas (prazo, custo, qualidade), a justificativa que se destaca é a de que os gerentes de projetos raramente são ouvidos na fase de planejamento. Normalmente, o sujeito recebe um pacote pronto, em que já estão definidos o prazo, o escopo e o custo e a famosa frase: "te vira!". Os resultados, obviamente, são catastróficos: orçamentos estourados, prazos não cumpridos, acidentes, etc.

Num cenário desses, a atitude mais comum é a de desconfiança e autodefesa. E o grande problema é que isso acaba custando muito dinheiro e aumentando os prazos, conforme foi possível verificar no caso citado. Na minha visão, a maior parte dos problemas dos projetos brasileiros começa exatamente nesse clima de desconfiança que permeia toda a nossa sociedade e acaba se refletindo nos resultados. Lencioni (2008) indica algo parecido com isso na sua "pirâmide do mal", onde expõe os cinco passos que levam qualquer trabalho em equipe, incluindo, obviamente, projetos, ao fracasso.

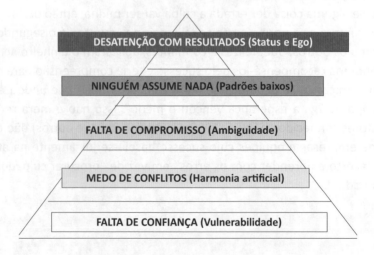

Resumindo, podemos dizer que o primeiro passo em direção ao insucesso (ou seja, a base da pirâmide) é a falta de confiança, que leva ao medo de conflitos. Cabe aqui uma pequena observação: a palavra "conflito" em português não tem exatamente o mesmo significado que o inglês "conflict", embora esta seja uma tradução normalmente aceita. Numa explicação rápida, conflito significa briga, enquanto *conflict* pode significar apenas enfrentamento de ideias, discussão. Queremos discussões em uma equipe de projeto, pontos de vista discordantes, mas nunca pancadaria, é claro. O problema é que, na nossa cultura brasileira, a discussão de ideias, que é sempre produtiva, praticamente não existe. Na verdade, no Brasil, a primeira coisa que um subordinado aprende é que não se deve contrariar o chefe; em culturas mais evoluídas, o chefe gosta de ser desafiado. Não por acaso, nessas culturas, a inovação acontece e os projetos são bem-sucedidos. Hunter (2004) nos ensina que esta é a característica principal que distingue um verdadeiro "líder" de um mero "chefe": a capacidade de ouvir os subordinados e, quando for o caso, aceitar as boas sugestões deles. Indo mais adiante nesse raciocínio, acho que é possível dizer que a principal diferença entre os regimes democráticos e os outros é exatamente essa possibilidade de confrontar quem está no poder. E não tenho a menor dúvida de que a chamada "cultura de gerenciamento de projetos" é essencialmente democrática. Num ambiente onde falta confiança e sem espaço para discordâncias temos o próximo degrau da pirâmide, que é o descompromisso ("esse cronograma não é meu, é do chefe" – quantas vezes eu já ouvi isso?). Não temos enfrentamentos nem discussões que poderiam ser positivas; o chefe manda, o subordinado submisso obedece e essa situação é levada até o limite máximo porque o chefe, além de não admitir palpites na hora do planejamento, também não gosta de receber más notícias durante a fase de execução do projeto. Aí, usando a linguagem popular, só admitimos que as metas não serão atingidas quando a vaca já afundou até os chifres no brejo e não há mais o que fazer. Chega-se então ao topo da pirâmide de Lencioni; ninguém está preocupado com os resultados, cada um quer salvar a sua pele e, se possível, o seu cargo. Não interessa se o navio está afundando, o que interessa é que eu sou o capitão. Obviamente que, num ambiente assim, a atitude inovadora (que implica, sempre, em correr riscos) não tem espaço para acontecer.

## 4. Os números não mentem – estatísticas

Buscando alguns números que justifiquem na prática a nossa tese, podemos citar a Fundação Alfred Nobel, instituição respeitada mundialmente e que premia todos os anos pessoas e/ou organizações que se destaquem por sua competência e capacidade de inovar. Desde 1901, ano de sua criação, o cobiçado Prêmio Nobel já foi concedido a aproximadamente 900 pessoas e/ou equipes de trabalho. Quantos

## 104 • Surfando a Terceira Onda no Gerenciamento de Projetos

brasileiros receberam o prêmio? Nenhum. Só como curiosidade, podemos citar que Peter Medawar, ganhador do Nobel de Medicina em 1960, nasceu em Petrópolis (RJ); só que ele era filho de ingleses e foi registrado na embaixada como cidadão do Reino Unido, para onde se mudou ainda adolescente e onde desenvolveu seu trabalho, portanto não é nem um pouco brasileiro – e continuamos zerados. A Suécia, por exemplo, com uma população muito menor (10 milhões x 160 milhões), já tem 30 prêmios na estante. A Alemanha tem 103. Mesmo países muito menos populosos ou com economias que não se comparam com a do Brasil, tais como Argentina, Noruega, Suíça e outros, já conquistaram o prêmio em diversas categorias.

O número de inovações patenteadas também pode ser uma boa referência. Segundo ANPROTEC/2014, um levantamento publicado pela WIPO (*World Intellectual Property Organization*, filiada à ONU) nos mostra que, até 2012, o Brasil ocupava a 19ª posição entre 20 países em número de patentes registradas. Os números são impressionantes: enquanto o total de patentes depositadas no Brasil é de cerca de 40 mil, os líderes do *ranking*, Estados Unidos e Japão, têm, respectivamente, 2,2 milhões e 1,6 milhão. Citando outros países, a Coreia do Sul tem 738 mil, a Rússia tem 181 mil e a África do Sul 112 mil. Ou seja, uma relação que varia de 2,5 até 55 vezes mais!

Um dos pontos ressaltados pela ANPROTEC é que o tempo necessário para registrar uma invenção no Brasil é absurdamente maior que nos outros países, chegando a mais de dez anos, dependendo da área tecnológica (para informação mais detalhada, favor consultar <http://anprotec.org.br/site/2014/04/brasil-ocupa-penultima-posicao-em-ranking-de-patentes/>). Resumindo, os inovadores brasileiros encontram problemas que vão desde a falta de estímulo até uma burocracia colossal – afinal, quem está disposto a esperar tanto tempo para registrar uma inovação tecnológica num mundo que evolui na velocidade da internet?

É justamente este tema que pretendemos analisar com mais profundidade no próximo tópico.

### 5. Burocracia: o produto direto da desconfiança

Se fôssemos buscar um antônimo para a palavra "inovação", acredito que o termo "burocracia" seria uma boa escolha. Seguramente, a melhor definição para a atitude do escravo amaldiçoado da parábola bíblica seria "burocrática"; ele recebeu uma missão e a cumpriu da forma menos comprometida possível. E foi exatamente essa atitude que gerou a ira do seu senhor. Nesse ponto podemos dizer, sem muito medo de errar, que o Brasil é a pátria da desconfiança e, portanto, o país mais burocratizado do mundo. Todo o nosso emaranhado de leis trabalhistas complicadíssimas, tributações confusas, normas muitas vezes esdrúxulas e superposição de esferas legais tem como base a desconfiança total e absoluta que temos uns em relação aos outros. O resultado prático disso tudo é que a dificuldade para levar adiante um projeto no Brasil é incomparavelmente maior do que em outras latitudes. O próprio ex-presidente Lula se referiu ao assunto quando comentou que no Brasil existem muito mais entidades de fiscalização do que de execução de projetos. Isso faz lembrar um pouco a velha anedota da competição entre um barco japonês e um brasileiro, onde o japonês tinha dez remadores e um comandante e o brasileiro, dez comandantes e um remador. Quando o barco brasileiro foi derrotado, a solução proposta foi demitir o remador. Como toda boa historinha, esta tem um fundo de verdade.

Esse estado de coisas acaba gerando situações totalmente distorcidas, que acabam se refletindo em falta de confiança para investir e inovar. Para ficar apenas em um caso, as leis ambientais do Brasil são extremamente severas, mas a sua aplicação está sujeita a tantas instâncias e interpretações que acabam gerando muito mais confusão do que ordem. Na época do licenciamento ambiental da usina de Belo Monte, por exemplo, ficou famosa uma situação em que uma alta autoridade governamental da área afirmou que "a licença ambiental foi concedida pelo Ibama, mas pode ser cassada por qualquer um". Também não são incomuns os casos de diretores da Petrobras que já foram ameaçados de prisão por causa de vazamentos ocorridos em instalações da empresa – como se fosse possível operar alguma coisa na indústria de petróleo com risco zero de vazamento, e como se ameaçar um diretor de prisão resolvesse alguma coisa. Falando de outra área completamente diferente, tivemos, no início deste ano, um jogo de futebol da série B do campeonato brasileiro interrompido por uma liminar judicial. O jogo estava sendo exibido para milhares de espectadores em todo o país – inclusive eu –, os contratos de TV são da ordem de milhões de reais, mas mesmo assim houve a interrupção. E o motivo foi uma possível irregularidade em um julgamento esportivo, que, penso eu, tem uma esfera judicial própria. Pois bem, logo depois dessa cena patética a liminar foi cassada, o jogo foi anulado e, até onde sei, ninguém foi punido ou indenizado por nada. Fico imaginando se passaria na cabeça de algum torcedor de um time de basquete americano entrar com uma ação na justiça por discordar da suspensão de algum jogador de seu time ou algo parecido. Mesmo que esse insano existisse, ele teria certeza de que nenhum juiz de qualquer corte americana teria coragem de mandar interromper um jogo da NBA transmitido *coast to coast*. Obviamente, ninguém faz uma coisa dessas em países civilizados; esporte é esporte, contrato é contrato, dinheiro é dinheiro. É essa segurança que faz com que uma sociedade prospere e tenha projetos com resultados previsíveis.

A conclusão é que esse clima de insegurança total, que nasce da desconfiança e se reflete em todos os níveis da sociedade brasileira, gera nos *stakeholders* de todos os níveis essa atitude de defesa, que, conforme provamos ao longo deste texto, inibe qualquer atividade criativa e faz com que nossos projetos sejam infinitamente mais complicados do que em outros países.

## 6. Conclusão: a necessidade de mudança de paradigmas

Diante de tudo o que foi aqui exposto, a conclusão que se impõe é que, muito mais do que desenvolver conhecimento, cursos e metodologias sobre gerenciamento de projetos, o que poderá realmente virar o jogo é uma reforma muito mais profunda na nossa cultura. A palavra mais certa talvez seja "educação", mas este termo pode se prestar a interpretações diferentes. Muita gente acredita, por exemplo, que a proliferação de cursos, palestras e *workshops* sobre o tema "gerenciamento de projetos" comprova que, na parte da educação, estamos bem servidos. Infelizmente não é tão simples assim. Na minha visão, isso tudo é uma espécie de "verniz", que não pode ser aplicado quando a madeira está podre por dentro. Estamos preocupados com perfumarias, enquanto a verdadeira essência da "cultura" de gerenciamento de projetos não é praticada. A falta de bons resultados é uma prova contundente disso.

E qual é a solução? É claro que não existe uma resposta simples para essa questão, mas o caminho me parece claro: a mudança tem que começar na cabeça de cada um de nós e se refletir em atitudes mais positivas. Assim como os servos da parábola bíblica, cabe a nós tentar multiplicar os talentos sem medo de errar. Como colocar isso em prática? Pode ser mais simples do que parece.

A primeira pergunta a fazer é: queremos mesmo que essa mudança aconteça? Eu, pelo menos, quero. Infelizmente, no Brasil, a impressão que tenho é que todos gostam de reclamar, mas tomar atitude mesmo ninguém toma. E nessa hora cabe lembrar que ser patriota não é exatamente cantar o hino nacional na arquibancada em jogos de futebol; é preciso um comprometimento bem maior.

Partindo do princípio de que a mudança é desejada, temos que determinar qual o nosso posicionamento nesse processo. E, principalmente, fazer uma sincera autocrítica: eu estou fazendo o meu melhor? No quadro a seguir colocamos algumas atitudes e frases típicas para ilustrar, de forma bem-humorada, o que caracteriza os comportamentos "positivos" e "negativos" dos servos da parábola bíblica.

| Se você é | "Negociar com os banqueiros" é... | "Enterrar a moeda" é... |
|---|---|---|
| Consultor, instrutor, palestrante | • orientar monografias com foco em aplicações práticas<br>• denunciar "modismos" que não levam a nada<br>• cobrar resultados (cumprimento de metas) | • Vender produtos e soluções "milagrosas"<br>• Decorar meia dúzia de termos técnicos e intitular-se "profundo conhecedor do assunto"<br>• Mudar de assunto toda vez que se fala em "resultados obtidos" |
| Profissional da área (gerente, coordenador) | • Tentar implantar metodologias e boas práticas<br>• Indignar-se quando o resultado não é atingido<br>• Preocupar-se (pelo menos isso) com o controle de mudanças no projeto | • Faço o que me mandam fazer<br>• Eu podia estar roubando ou assaltando, mas estou aqui gerenciando projetos... |
| Iniciante (cursando MBA, tentando certificação) | • Questionar os professores quanto aos resultados práticos<br>• Buscar informação além do curso (livros, internet)<br>• Caprichar na elaboração do trabalho final do curso | • Estou preocupado com "empregability"...<br>• Chego na aula tarde, saio cedo e gosto mesmo é do *coffee break*<br>• Nota 7 é suficiente... |

Tenho certeza de que uma parcela significativa dos profissionais e praticantes da área no Brasil tem uma atitude que está muito mais próxima da terceira coluna do que da segunda. Só que a falta de resultados já está ficando incômoda para todos nós, por gerar descrença no gerenciamento de projetos como um todo. Já ouvi várias vezes pessoas se referindo com desdém aos "gerentezinhos PMBOK", ou seja, caras que decoram o livro e na prática não acrescentam nada ao trabalho da empresa. Também já ouvi piadinhas infames do tipo: "PMP = Profissional Mal Preparado", entre outras. Para quem viveu o auge da "Qualidade Total" nos anos 80 e 90, é quase uma repetição do filme; muita gente se interessou pelo assunto, houve um momento em que só se falava em normas ISO, PDCA e assemelhados, "consultores da qualidade" proliferavam e vendiam todos os dias fórmulas milagrosas até que a falta de resultados práticos acabou jogando tudo na vala comum das experiências fracassadas. A impressão que tenho é que, com o gerenciamento de projetos, está começando a acontecer um processo semelhante.

Entenda-se que esse processo de desgaste só ocorreu no Brasil; no Japão, por exemplo, o uso inteligente dos princípios da Qualidade Total foi uma das armas que permitiu que o país em ruínas ao final da II Guerra Mundial se transformasse, em pouco mais de duas décadas, em uma potência econômica respeitada mundialmente. Da mesma forma, o gerenciamento de projetos bem utilizado proporciona resultados palpáveis no mundo inteiro. E é esta a conclusão a que chegamos: ou mudamos de atitude, de crenças, de paradigmas, ou nada disso vai funcionar no Brasil. E até o texto bíblico pode ajudar a provar isso.

## Referências bibliográficas

ANPROTEC. **Brasil é o penúltimo em ranking de patentes.** 23 abr. 2014. Disponível em: <http://anprotec.org.br/site/2014/04/brasil-ocupa-penultima-posicao-em--ranking-de-patentes/>. Acesso em: 13 jul. 2017.

HUNTER, James C. **O Monge e o Executivo.** Rio de Janeiro: Sextante, 2004.

LENCIONI, Patrick. **The Five Disfunctions of a Team:** a leadership fable. Hoboken, NJ: Jossey-Bass, 2002.

SENGE, Peter. **A Quinta Disciplina:** arte e prática da organização que aprende. Rio de Janeiro: Best Seller, 1990.

SHENHAR, Aaron; DVIR, Dov. 2004. **Reinventando o Gerenciamento de Projetos.** São Paulo: MBooks, 2004.

# PARTE V.
# Perspectivas futuras

# E agora, o que a gente faz?

Esta é uma daquelas perguntas chatas. Já estudamos tudo, propusemos alternativas, conceituamos uma porção de coisas. E agora? O que fazer para que este não seja apenas mais um livrinho que a gente leu e não serviu para coisa alguma? (Detalhe importante: estou, mais uma vez, sendo propositalmente simplista. Num mundo em que as novas gerações cada vez leem menos, falar mal de um livro – ainda que tenha a desculpa de ser do meu próprio livro – não é recomendável. Em princípio, de toda leitura se tira algo importante. Às vezes pode ser só uma frase ou uma piadinha, mas sempre se tira alguma coisa).

Começando do começo, uma das coisas que mais gosto de acompanhar nesses tempos de mudanças quase diárias na rotina das empresas é a facilidade com que as pessoas se apegam e depois se desapegam às teorias da moda. Na última década do século passado, os pobres executivos das grandes empresas, reféns das oscilações do mercado, acordavam falando em Qualidade Total, na hora do almoço começavam a acreditar na Reengenharia, iam dormir sonhando com a Empresa Holística – e no dia seguinte acordavam de ressaca, sem entender nada. Hoje a moda é falar no líder servidor, aquele sujeito bonzinho, sempre sorridente e disposto a ajudar todos os funcionários em dificuldades. E aí, quando acorda de volta na vida real (*welcome to the jungle*, como dizem lá fora), o sujeito chega no trabalho e dá de cara com um chefe totalmente "old fashioned", um cara que faria o próprio Maquiavel se sentir uma Madre Teresa de Calcutá. E continuamos sem entender nada. Nesse contexto, recomendo um livrinho chamado "A arte da guerra para quem mexeu no queijo do pai rico" de um paulista chamado Luli Radfahrer. Trata-se de um texto muito bem escrito, recheado de expressões irônicas e propositalmente cínicas, que mostra pra gente que, no mundo real, o que vale é ser puxa-saco, enrolar os outros e por aí afora. Pode não ajudar muito, mas diverte um bocado (só para ter uma

## 112 • Surfando a Terceira Onda no Gerenciamento de Projetos

ideia, um dos melhores capítulos tem o título de "Os sete hábitos dos puxa-sacos altamente eficazes". Sem comentários).

No fim das contas, o que fica é a ideia de que não existe a fórmula do sucesso (o que é verdade) nem regras nesse jogo (o que não é verdade). Os fatores ambientais de cada grupo, incluídos aí os fatores culturais que tanto foram citados ao longo deste livro, são, sem dúvida, mutáveis de uma situação para outra; mas existem verdades perenes e eternas. E a noção de convivência civilizada e produtiva é, sem dúvida, uma dessas verdades, conforme tentamos demonstrar e justificar ao longo de todo este livro. Ao mesmo tempo, pudemos verificar que, em função de algumas circunstâncias infelizes, os avanços tecnológicos acabaram, em muitos casos, se tornando pedras de tropeço e não de construção para a busca dessa convivência civilizada e positiva. A conclusão final é de que, hoje, é preciso que alguém tenha a visão de que esse processo está nos conduzindo ao desastre e que é urgente e imperiosa uma correção no rumo das coisas. E, mais uma vez, nos parece que a base de toda mudança passa pela modificação de alguns paradigmas no nível interno do ser humano, na cultura dos grupos, para que se possa buscar aquilo que poderia ser chamado de uma grande "reengenharia social".

Voltando aos exemplos filosófico-religiosos que já citamos anteriormente, existe uma antiga história do folclore oriental que nos parece bastante significativa. Ela nos diz que o céu e o inferno são lugares muito parecidos: em ambos o espírito trabalha muito, e, na hora das refeições, todos se sentam em volta de uma enorme mesa, no centro da qual é colocado um prato de arroz. Para alcançar a comida, cada um recebe um par de hashis – o tradicional talher oriental – com tamanho suficiente para chegar até o prato. A diferença é que, no inferno, cada um tenta trazer o alimento até a própria boca, e, como os palitos são muito longos, isso não é possível; em consequência, todos ficam eternamente famintos, mesmo tendo diante de si tudo o que precisam. Já no céu, diante da mesma situação, em vez de tentar trazer o alimento para a própria boca, cada um serve quem estiver na distância certa – e todos ficam felizes e alimentados. Não é preciso pensar muito para ver que estamos falando de tudo o que foi exposto ao longo deste livro – os valores da humildade, da solidariedade, da confiança mútua, que levam uma equipe ao sucesso. E a pergunta que fica é justamente esta: por que não estamos conseguindo caminhar no rumo da proposta certa? Por que é tão difícil entender que o modelo que estamos utilizando em nossa sociedade, em nossas empresas, em nosso modo de trabalhar, está, em muitos casos, nos levando para o lado contrário da civilização?

Mais uma vez, não existe uma resposta objetiva. Mas é certo que estamos em uma típica situação de crise; de valores, de moral, ambiental, econômico-financeira, enfim, o mundo parece ter virado uma crise só. E isso é ruim? Não exatamente. Afinal, a velha sabedoria oriental – a mesma que nos proporciona historinhas deliciosas como a que citamos antes – nos diz que "crise" significa ao mesmo tempo "ameaça" e "oportunidade". Assim, cada vez que é questionado, o ser humano acaba por sair engrandecido – e a experiência acumulada ao longo de toda a História Universal não é nada além de uma série interminável de crises e soluções. O que parece, então, é que o rumo certo para o futuro das empresas e do próprio gênero humano está muito mais próximo da "inteligência emocional" e da "convivência civilizada" do que da competição canibalesca que vem sendo proposta por algumas das ideologias político-econômicas dominantes hoje em dia. Goleman, Senge, Deming e outros menos conhecidos são os profetas dessa boa nova, e, para diferenciá-los dos falsos profetas, podemos usar o mesmo critério proposto no Evangelho pelo Divino Mestre:

> *Conhece-se a árvore pelos frutos (...) pois todo aquele que ouve estas palavras e não as pratica é como o homem insensato, que edificou sua casa sobre a areia; e caiu a chuva (...) e ela desabou, sendo grande a sua ruína.*
>
> Mateus, 7,8

O destino histórico de teorias, doutrinas e impérios que se edificaram sobre o alicerce frágil da discriminação e das relações "selvagens" foi sempre o mesmo: a ruína e o caos. A proposta da melhora das relações humanas como fator crítico para o sucesso de todo e qualquer tipo de organização tem bases muito mais sólidas, uma vez que está alinhada com o verdadeiro sentido da evolução do Homem sobre a Terra.

Nesse momento o leitor pensa: tudo muito bom, tudo muito bem, mas e agora? Tentando chegar a esta resposta, lembro uma expressão que ouvi em uma palestra do escritor e jornalista Luciano Pires, autor do livro "O meu Everest". Luciano disse que não adianta ter apenas iniciativa; é preciso ter o que ele chama de "acabativa". Ou seja, não adianta iniciar um monte de coisas e deixá-las inacabadas, pelo meio do caminho. Talvez este seja o maior mal do Brasil: é o país onde um monte de coisas começa, se desenvolve e... não acaba nunca. Voltando ao início: como dar uma "acabativa" devida para a iniciativa de implantar uma cultura mais saudável, mais produtiva, para o bom desenvolvimento dos projetos na sua empresa?

## 114 • Surfando a Terceira Onda no Gerenciamento de Projetos

Mais uma vez, não existe uma resposta objetiva e única, mas alguma coisa deve ser feita. Quem sabe uma citação não ajuda?

> *Eu posso estar completamente enganado / Posso estar correndo pro lado errado / Mas a dúvida é o preço da pureza / E é inútil ter certeza*
>
> Humberto Gessinger em "Infinita Highway"

A frase inspirada deste inteligente roqueiro (gaúcho e torcedor fanático do Grêmio, diga-se de passagem, o que faz com que seja olhado com profunda simpatia pelo autor destas mal-traçadas linhas) é muito interessante e se aplica diretamente ao nosso contexto. Não temos certeza de nada, o ambiente é sempre mutante, mas decisões têm que ser tomadas e caminhos escolhidos a todo momento. E a proposta da mudança complica ainda mais as coisas, uma vez que é muito mais fácil manter uma rotina do que enfrentar a quebra de paradigmas e todas as suas consequências. Ter certezas, nessa hora, não é somente inútil, mas também impossível. Essa é a vida. E para acabar de vez com qualquer esperança de quem procura encontrar uma dica que leve diretamente ao caminho da felicidade, vamos logo com mais uma citação:

> *Não há um caminho para a felicidade. A felicidade é o caminho.*
>
> Mahatma Gandhi

Eu não podia terminar este livro sem citar o grande líder indiano, o apóstolo da não violência. Esta frase, em sua simples sabedoria, nos mostra bem a ideia do contínuo processo de aperfeiçoamento de toda a atividade humana, incluído aí o nosso pequeno mundinho de gerenciamento de projetos. Não vamos chegar à felicidade, nem nossos filhos e netos chegarão lá, mas o caminho é o importante. E, em paralelo com os claros avanços da tecnologia, precisamos trabalhar no sentido da evolução dos paradigmas do relacionamento humano, dentro e fora das empresas, estimulando a competição em seus aspectos salutares e fechando cada vez mais as portas da intolerância e do preconceito, valorizando a obtenção de resultados, mas nunca perdendo de vista a perspectiva de longo prazo, de preservação do ser humano e de seu ambiente de vida. Nesse sentido, sempre poderemos dar um primeiro passo, começando de preferência pela reforma íntima, a mais óbvia e sempre mais difícil; vamos pensar no coletivo, deixar as neuroses de lado e buscar o nosso aperfeiçoamento, o que, de certa forma, sempre vai se refletir nos outros.

Finalizando, vamos voltar ao mesmo Albert Einstein citado lá no início do livro por sua bela definição de cultura. Ao ser perguntado, ao final da Segunda Guerra Mundial, sobre quais seriam as armas que iriam ser utilizadas em uma possível terceira guerra, Einstein respondeu:

> *Não sei que armas serão usadas na terceira guerra mundial.*
> *Mas a quarta, tenho certeza, será com tacapes.*

Acho que este é um fechamento interessante para este livro despretensioso. A tecnologia nos levou a coisas maravilhosas – ao mesmo tempo em que nos deu a possibilidade, nunca antes existente, de acabar com o planeta. E hoje é dever de todos nós, que participamos de uma família, de uma equipe de trabalho, de um grupo social, enfim, velar e fazer a nossa parte para que isso não aconteça. A busca pela convivência civilizada como um valor se impõe, antes de tudo, por ser seguramente o único caminho de sobrevivência que nos resta.

A outra opção é treinar o uso do tacape.

# e-Book

**50% mais barato que o livro impresso.**

+ de 50 Títulos

**Confira nosso catálogo!**

À venda nos sites das melhores livrarias.

Acompanhe a BRASPORT nas redes sociais e receba regularmente informações sobre atualizações, promoções e lançamentos.

 @Brasport

 /brasporteditora

 /editorabrasport

 editorabrasport.blogspot.com

 /editoraBrasport

Sua sugestão será bem-vinda!

Envie mensagem para **marketing@brasport.com.br** informando se deseja receber nossas newsletters através do seu e-mail.

**ROTAPLAN**
GRÁFICA E EDITORA LTDA
Rua Álvaro Seixas, 165
Engenho Novo - Rio de Janeiro
Tels.: (21) 2201-2089 / 8898
E-mail: rotaplanrio@gmail.com